La Clave Para Vivir Por *Fe*

KAY ARTHUR
PETE DE LACY

Este libro fue publicado en inglés con el título "The Key to Living By Faith" por Harvest House Publishers.
1996 por Ministerios Precepto.

LA CLAVE PARA VIVIR POR FE

ISBN 978-1-62119-182-7

2018, Edición Estados Unidos

CONTENIDO

꧁꧂꧁꧂꧁

CÓMO EMPEZAR...

A veces leer instrucciones es difícil y ¡pocas veces agradable! Por lo regular solo deseas comenzar. Solamente si todo lo demás falla, entonces lees las instrucciones. Te comprendemos, pero por favor no hagas eso con este estudio. Estas cortas instrucciones son vitales para comenzar este estudio correctamente.

PRIMERO

Mientras estudias Hebreos necesitarás cuatro cosas adicionales a este libro:
1. Una Biblia que estés dispuesto a marcar. El marcar es esencial. Una Biblia ideal para este propósito es la *Biblia de Estudio Inductivo (BEI)*. La *BEI* tiene letras grandes y fáciles de leer, lo cual es ideal para marcar. Los márgenes son anchos con espacio suficiente para hacer anotaciones.

La *BEI* también tiene instrucciones para estudiar cada libro de la Biblia, pero no contiene ningún comentario sobre el texto, ni esta compilada de una postura teológica determinada. Su propósito es enseñarte a discernir la verdad por ti mismo, a través del método de estudio inductivo. Independientemente de la Biblia que uses, tienes que marcarla, esto nos lleva a un segundo artículo que necesitarás...

2. Un bolígrafo de punta fina y de cuatro colores o cuatro bolígrafos de punta fina y de distintos colores que puedas usar para escribir en tu Biblia. Puedes encontrarlos en las tiendas que venden productos de oficina.

3. Lápices de colores o un lápiz Pentel de ocho colores.

4. Un cuaderno de composición o uno regular para trabajar en tus tareas y registrar tus opiniones.

SEGUNDO

1. Mientras estudias Hebreos, recibirás instrucciones específicas para el estudio diario. Estas te tomarán entre 25 y 30 minutos diarios, pero si pasas más tiempo del indicado entonces aumentará tu intimidad con la Palabra de Dios y con el Dios de la Palabra.

Si estás haciendo este estudio dentro del marco de una clase y encuentras las lecciones muy pesadas, simplemente haz lo que puedas. Es mejor hacer poco que nada. Cuando se trata de la Biblia, no seas una de esas personas que hacen todo o no hacen nada.

Recuerda, cada vez que entras en la Palabra de Dios, también aumentas la intensidad de la batalla con el diablo (nuestro enemigo). ¿Por qué? Cada parte de la armadura del cristiano está relacionado con la Palabra de Dios y nuestra única arma ofensiva es la espada del Espíritu, la cual es la Palabra de Dios. El enemigo quiere que tu espada esté desafilada. ¡No le ayudes! ¡No tienes que hacerlo!

2. Mientras lees cada capítulo, acostúmbrate a hacer las seis preguntas básicas: quién, qué, cuándo, dónde, por qué y cómo. Estas preguntas te ayudan a ver exactamente lo que la Palabra de Dios está diciendo. Cuando interrogas el texto puedes hacer preguntas como estas:

ॐ ¿De qué se trata el capítulo?

ॐ ¿Quiénes son los personajes principales?

ॐ ¿Cuándo sucede este evento o enseñanza?

∽ ¿Dónde sucede?

∽ ¿Por qué está sucediendo o se está diciendo?

∽ ¿Cómo sucedió?

3. Los lugares son importantes en muchos libros de la Biblia, así que marcar las referencias geográficas de manera que se distingan, te será de gran ayuda. Nosotros simplemente las subrayamos con dos líneas verdes (el pasto y los árboles son verdes). Usando el bolígrafo de cuatro colores.

4. Las referencias de tiempo también son importantes y deberías marcarlas de manera que se puedan distinguir fácilmente. Nosotros las marcamos dibujando un círculo como este ◯ en el margen de la Biblia junto al versículo donde aparece la frase de tiempo. Si quieres puedes subrayar o colorear la referencia con un color específico.

5. A través del estudio te pediremos que marques ciertas palabras clave. Este es el propósito de tener lápices o bolígrafos de colores. Si desarrollas el hábito de marcar de esta forma tu Biblia, encontrarás que tu estudio será más efectivo y recordarás mucho más.

Una palabra clave es una palabra importante que el autor usa repetidamente para comunicar su mensaje a los lectores. Algunas palabras clave aparecerán a través del libro de Hebreos; otras se concentrarán en capítulos específicos. Cuando marcas una palabra clave, debes marcar también sus sinónimos (palabras con el mismo significado dentro del contexto) y pronombres (*yo, mi, me, mío; usted, tú, tu, tuyo, suyo; él, le, su, sus; ella, le, la, su; esto, suya; nosotros, nuestro, nuestros, nuestra, nuestras; ellos, los, las, se, su, sus, suyos, suyas...*) de la misma forma que marcaste la palabra clave. Además, usa la misma marca para una palabra y todas sus formas (por ejemplo *juez, juicio* y *juzgar*). Te daremos algunas sugerencias en tus tareas diarias de cómo marcar palabras claves.

Puedes usar colores o símbolos o una combinación de ellos para marcar palabras y poder identificarlas fácilmente. Sin embargo, los colores son más fáciles de distinguir que los símbolos. Cuando usamos símbolos, los hacemos muy simples. Por ejemplo, puedes dibujar un corazón alrededor de la palabra *amor* y colorearla por dentro de esta forma. Cuando marcamos los miembros de la trinidad (los cuales no siempre los marcamos), los coloreamos en amarillo y los marcamos con el color púrpura; al *Padre* con un triángulo, así: **Padre**. Marcamos al *Hijo*, de esta forma: **Hijo** y al *Espíritu Santo* de esta forma: **Espíritu Santo**. Marca las palabras clave de una manera que puedas recordar fácilmente. Crear un sistema de colores para marcar palabras claves a través de tu Biblia te ayudará a reconocer instantáneamente donde una palabra clave es usada. Tal vez quieras hacer un separador de páginas con una lista de las palabras que vayas a marcar, junto con sus colores o símbolos.

6. Hemos incluido en el apéndice el cuadro PANORAMA GENERAL DE HEBREOS. Cuando completes el estudio de un capítulo, anota el tema principal de ese capítulo en el cuadro junto al número de capítulo apropiado. El tema principal de un capítulo es lo que el capítulo trata con más frecuencia. Puede ser un tema o una enseñanza en especial. Si vas completando el cuadro PANORAMA GENERAL DE HEBREOS a medida que progresas en el estudio, para cuando termines tendrás una sinopsis de Hebreos. Si tienes la *Biblia de Estudio Inductivo*, encontrarás el mismo cuadro en tu Biblia (página 1878). Si lo registras allí, los tendrás listos como referencia.

7. Comienza siempre tu estudio con una oración. Mientras haces tú parte en manejar la Palabra de Dios de forma correcta, debes recordar que la Biblia es un libro divinamente inspirado. Las palabras que lees son la verdad, Dios te las dio para que puedas conocerlo a Él y Sus caminos más íntimamente. Estas verdades son reveladas divinamente.

Pero Dios nos las reveló por medio del Espíritu, porque el Espíritu todo lo escudriña, aun las profundidades de Dios. Porque entre los hombres, ¿quién conoce los pensamientos de un hombre, sino el espíritu del hombre que está en él? Asimismo, nadie conoce los pensamientos de Dios, sino el Espíritu de Dios. (1 Corintios 2:10-11).

Por lo tanto, pídele a Dios que te revele Su verdad, mientras Él te guía a toda verdad. Él lo hará si lo pides.
8. Cada vez que termines tu tarea medita sobre lo que viste. Pídele a tu Padre celestial que te muestre como vivir de acuerdo a las verdades que acabas de estudiar. A veces, según como Dios te haya hablado a través de Su Palabra, querrás escribir Lecciones Para la Vida en el margen de tu Biblia y luego, lo más brevemente posible, registrar la lección para la vida que desees recordar.

TERCERO

Este estudio está diseñado para que tengas una tarea cada día de la semana, así puedes estar en la Palabra diariamente. Si estudias de esta manera, te beneficiarás más que si haces la tarea de una semana en un día. ¡El estudiar a través de toda la semana te dará la oportunidad de meditar en lo que aprendes cada día!

El séptimo día de cada semana es distinto a los otros seis días. El séptimo día está diseñado para ayudar a la discusión de grupo; sin embargo, también te beneficiará si estás estudiando este libro por tu cuenta.

El "séptimo día" es cualquier día de la semana que eliges para concluir tu estudio semanal. En este día encontrarás uno o dos versículos para memorizar y GUARDAR EN TU CORAZÓN. También hay un pasaje para LEER Y DISCUTIR. Esto te ayudará a enfocarte en una verdad o verdades principales que se hayan estudiado en esa semana.

Hemos incluido PREGUNTAS LA PARA DISCUSIÓN O ESTUDIO INDIVIDUAL con el propósito de ayudar a aquellos que usan este libro en la escuela dominical o en un grupo de estudio Bíblico. El contestar estas preguntas te ayudará a aplicar la verdad que descubres a tu propia vida, aun si no estás estudiando con nadie más.

Si estás en un grupo, asegúrate que cada miembro de la clase, incluyendo el maestro, justifique sus respuestas y observaciones sólo con el texto Bíblico. Así estarás manejando la Palabra de Dios con fidelidad. A medida que aprendes lo que el texto dice y comparas Escritura con Escritura, verás que la Biblia se interpreta a sí misma.

Siempre examina lo que comprendes, observando cuidadosamente el texto para ver lo que *dice*. Entonces, antes de decidir lo que *significa* el versículo, asegúrate de que lo estás interpretando de acuerdo a su contexto. La Escritura nunca se contradice. Si alguna vez pareciera contradecir el resto de la Palabra de Dios, puedes estar seguro de que algo está siendo interpretado fuera de contexto. Si te encuentras con un versículo difícil de entender, reserva tu interpretación para cuando puedas estudiarlo con más profundidad.

El propósito del PENSAMIENTO PARA LA SEMANA es compartir contigo el elemento que consideramos importante en tu semana de estudio. Lo hemos incluido para que lo evalúes y, esperamos que sea para tu edificación. Esta sección te ayudará a ver cómo caminar de acuerdo con lo que has aprendido.

Los libros de la Nueva Serie de Estudio Inductivo son cursos de observación general. Si quieres un estudio más profundo de un libro en particular de la Biblia, te sugerimos que hagas un estudio de Precepto Sobre Precepto. Puedes obtener más información sobre estos cursos, comunicándote con la oficina de Ministerios Precepto en tu país.

Introducción a la Carta a los Hebreos

A diferencia de los escritores de las otras cartas en el Nuevo Testamento, el autor de Hebreos no se identifica a sí mismo ni a sus destinatarios; pero el contenido de la carta muestra que su audiencia está familiarizada con el Antiguo Testamento, el tabernáculo, el reposo, el sacerdocio, los sacrificios... su audiencia es judía. Por eso es que este libro es titulado la carta a los Hebreos.

El mensaje del libro no es solo para los judíos; es para cristianos de todo origen y educación. Aun así, el mensaje está basado en el Antiguo Testamento, el cual Pablo en 2 Timoteo 3:15 lo llama "las Sagradas Escrituras, las cuales te pueden dar la sabiduría que lleva a la salvación mediante la fe en Cristo Jesús."

Hebreos te mostrará, como no lo hace ningún otro libro del Nuevo Testamento, la conexión entre el Antiguo y el Nuevo Testamento. Te animará y te exhortará a vivir para Cristo y te establecerá en la verdad de la posición y rol de Cristo en la salvación.

11

DIOS NOS HA HABLADO EN JESÚS

Dios comenzó a hablarle a Israel a través de los profetas hace más de 3.000 años. Él usó a muchos profetas diferentes, algunos que hablaron verbalmente, como Natán, algunos que escribieron su mensaje, como Malaquías y algunos que hicieron milagros, como Elías. Algunos combinaron estos métodos para dar el mensaje de Dios. Ellos hablaron "muchas ocasiones y de muchas maneras"; pero en estos últimos días, nos ha hablado por Su Hijo" (Hebreos 1:1-2).

PRIMER DÍA

Si has estudiado cualquier otra carta en la Nueva Serie de Estudio Inductivo, probablemente recuerdas que comenzamos marcando referencias al autor y a los destinatarios, para ver lo que podemos aprender sobre ellos, su situación, sus motivaciones, sus problemas y otras cosas por el estilo. Entonces tratamos de determinar lo que está sucediendo que hizo que el autor escribiera la carta y conduce al tema o el mensaje principal de la carta. eos es diferente. El autor no se identifica del modo critor clásico griego de cartas lo haría, tampoco él a su audiencia. Solo teniendo en cuenta las ideas claves de la carta puedes ver que los destinatarios tenían un conocimiento profundo del Antiguo Testamento y la forma de ver ideas clave es marcando las palabras clave. Entonces, así empezaremos. Las palabras clave nos muestran repetidamente las ideas y temas clave como también el énfasis del autor, lo que es más importante o central de su mensaje.

Mientras leemos y marcamos el texto, la idea es investigarlo. Así que cada vez que marques algo clave, haz las seis preguntas básicas: quién, qué, cuándo, dónde, por qué y cómo. Lee con propósito, el descubrir lo que puedas del texto. Haz preguntas como por ejemplo: ¿cómo se relaciona esta oración con el resto del párrafo? ¿Incluye este pasaje una secuencia, una comparación o contraste o una causa y efecto? ¿A quién se está refiriendo el autor?

Muchas de estas palabras y frases clave aparecen a través de Hebreos, así que anótalas en una tarjeta pequeña y márcalas de la misma manera a través de toda la Biblia. (Puedes usar esta tarjeta como tu separador). Hacer esto mientras vas de capítulo en capítulo, te ayudará a marcar en forma consistente y ahorrar tiempo. Recuerda, el punto no es llenar tu Biblia de marcas hermosas, sino de descubrir el mensaje del autor. Enfócate en lo que aprendes, no en la forma en que marcas. Tu marcado no solo te ahorrará tiempo, te ayudará a pensar y procesar lo que has leído.

Hoy lee Hebreos 1 y marca las referencias a *Dios Padre, Jesús y ángeles,* como también la palabra *mejor*[1] (*mejores*). Colócalas en tu separador. Nosotros marcamos Dios con un triángulo púrpura. El triángulo nos recuerda la Trinidad y el púrpura es generalmente un color de la realeza; nos recuerda que Dios es el gobernante supremo. Algunos colorean el triángulo con amarillo porque Dios es luz. Tú decides como marcarás a *Dios Padre.* Algunos usan un símbolo similar cuando marcan al *Hijo,* con los mismos colores y una forma similar, pero agregando una cruz.

Otros simplemente dibujan una cruz roja para recordar la sangre que Jesús derramó en la cruz. Elige tu propio símbolo y/o color para marcar *ángeles*.

Haz las seis preguntas básicas para poder absorber la importancia de lo que el autor está comunicando.

Otra forma de aumentar tu entendimiento del versículo es marcar las referencias de tiempo. Algunas personas las marcan con un círculo y otras las colorean. Estas frases revelan secuencias y muestran cuándo ocurren los eventos. Marca las referencias de tiempo en Hebreos 1. A medida que progresemos en este estudio, márcalas en cada capítulo.

SEGUNDO DÍA

No te olvides comenzar tu estudio con oración. Recuerda que Dios es el autor máximo del libro de Hebreos y que Él quiere que entiendas y vivas cada palabra que contiene.

Hoy haz listas de lo que aprendes en el capítulo 1 acerca de Dios, el Hijo y los ángeles. Analiza el texto una palabra clave a la vez y cada vez que veas una palabra marcada, escribe lo que aprendes del personaje. Sigue haciendo las seis preguntas básicas. Cada punto de tu lista contestará una de esas preguntas. Estas listas forman la base del mensaje de aquel personaje. ¿Quién es Dios? ¿Qué aprendemos acerca de Su carácter y Sus caminos? ¿Qué relación hay entre Dios y su Hijo? ¿Entre el Hijo y los ángeles? Las listas te mostrarán.

⨯⨍⨯

TERCER DÍA

¿Notaste con cuánta frecuencia Hebreos 1 hace referencia al Antiguo Testamento? En la Nueva Biblia Latinoamericana de Hoy las citas del Antiguo Testamento aparecen en el Nuevo Testamento en letras mayúsculas. Una base del estudio bíblico es que el mejor comentario de la Escritura es la misma Escritura, por eso vemos las "referencias cruzadas." El Nuevo Testamento a menudo revela un significado o entendimiento más completo que los versículos del Antiguo Testamento; eso es lo que hace el autor de Hebreos. A esto se le llama *revelación progresiva*. De acuerdo a 2 Timoteo 3:16, toda Escritura es inspirada (literalmente respirada) por Dios, por eso sabemos que la revelación del Nuevo Testamento nos provee con lo que Dios quiere decir. No tenemos que inventar nada.

Las citas del Antiguo Testamento nos ayudan a saber a quién se le escribió la carta. Si la audiencia no eran los judíos, ellos no hubieran sido convencidos por las apelaciones al Antiguo Testamento. Lee estos pasajes del Antiguo Testamento:

ᦒ *Salmo 2.* La cita es del versículo 7, pero necesitas leer todo el Salmo para entender el contexto.

ᦒ *2 Samuel 7:14.* Esta es parte de la promesa en el pacto de Dios de construir la casa de David (establecer un linaje de reyes a través de él), pero Dios nos muestra en Hebreos que se refiere a Jesús.

ᦒ *Salmo 97:7.* La última línea del versículo está citada en Hebreos. La nota marginal en la Biblia dice que puede ser traducido como "Alábenlo a Él, todos los dioses".

ᦒ *Salmo 104:4* Otra vez, las notas marginales en la

NBLH se alínea con lo que Dios dice a través del escritor de Hebreos.

❧ *Salmo 45:6-7* Este es un salmo mesiánico.

❧ *Salmo 102:25-27.*

❧ *Salmo 110:1.*

Es suficiente por hoy. Medita sobre estas cosas. Recuerda que el autor de Hebreos dijo en el versículo 5 que Dios nunca dijo estas cosas de los ángeles, pero sí las dijo con respecto al Hijo.

CUARTO Y QUINTO DÍA

Ayer viste los versículos en el Antiguo Testamento que el escritor de Hebreos presenta para mostrar la diferencia que hay entre los ángeles y Jesús. Ahora veamos que aprendemos al observar otros dos pasajes del Nuevo Testamento que hacen referencia a algunos de estos mismos versículos del Antiguo Testamento. Lee Hechos 13:26-37 y Mateo 22:41-46.

¿Cómo se relaciona esto con lo que anotaste de Jesús en el Segundo Día? Tal vez estés empezando a tener idea del propósito del autor o de sus mensajes acerca de Jesús.

Hebreos 1:2 nos dice que Jesús es el heredero de todas las cosas. ¿Qué significa? Lee la parábola del dueño del viñedo en Mateo 21:33-46. ¿Quién es el dueño? ¿Quién es el viñedo? ¿Y quiénes son los labradores?

Hebreos 1:2,10 también nos dice que Dios hizo el mundo a través Jesús. Mucha gente cree que solo fue Dios el Padre el que creó el mundo. Algunas referencias cruzadas nos ayudarán a encontrar la interpretación correcta. Lee las siguientes referencias y saca tus conclusiones, basándote en la Escritura:

❧ *Génesis 1:1-2.* "Dios" es la traducción del Hebreo Elohim, el cual es plural. ¿Quién se mueve sobre las aguas?

❧ *Génesis 1:26-27.* ¿Qué te dicen las palabras "hagamos" y "nuestra"?

❧ *Colosenses 1:15-16.* Este pasaje también explica a qué se refiere cuando se menciona la palabra "primogénito" en Hebreos 1:6.

Hebreos 1:3 nos dice que cuando Jesús llevó a cabo la purificación de pecados, se sentó a la diestra de la Majestad en las alturas. A través del estudio de Hebreos, verás esta expresión dos veces más. Lee los siguientes versículos y anota lo que aprendes:

Mateo 19:28

Mateo 26:63-64

Hechos 2:32-35

Romanos 8:34

Efesios 1:20-23

Colosenses 3:1

Apocalipsis 3:21

SEXTO DÍA

Finalmente, estudiemos con más detalle acerca de los ángeles. La gente tiene muchas creencias raras acerca de los ángeles, que no están basadas en la Biblia. Muchas de estas creencias son difundidas por la televisión, las películas y el folklore popular. Cientos de versículos Bíblicos ilustran lo que los ángeles han hecho, pero ¿quiénes son ángeles? ¿Qué relación tienen con nosotros? Mirar versos sobre un tema como este es la base de lo que se llama estudio temático.

Job 1:6; 2:1; 38:7 (los Hijos de Dios son ángeles)

Salmo 34:7

Ezequiel 28:11-19 (Éste es acerca de Satanás)

Lucas 15:10

1 Corintios 6:3

2 Corintios 11:14

Gálatas 3:19

Colosenses 2:18

1 Timoteo 3:16

1 Timoteo 5:21

1 Pedro 1:12

1 Pedro 3:22

2 Pedro 2:4,10-11

Judas 6-7

Apocalipsis 12:7-9

Ahora haz un resumen de todo lo que aprendiste acerca de los ángeles.

De todo lo que has estudiado esta semana, usando pocas palabras o una idea clave de Hebreos 1, determina el tema de este capítulo y anótalo en el PANORAMA GENERAL DE HEBREOS que está en la página 107.

Si anotas el tema de cada capítulo del libro de Hebreos en el PANORAMA GENERAL DE HEBREOS, cuando termines, tendrás un cuadro que te servirá de referencia para encontrar ciertos temas en Hebreos. Al final de este estudio, el PANORAMA GENERAL te ayudará a entender el tema principal de la carta.

SÉPTIMO DÍA

Guarda en tu corazón: Hebreos 1:3
Lee y discute: Hebreos 1

Preguntas para la Discusión o Estudio Individual

∾ Discute qué aprendiste acerca de los ángeles.

∾ Discute qué aprendiste acerca de Jesús.

∾ Compara a Jesús con los ángeles.

∾ ¿Qué aprendiste acerca de la relación de Jesús con Dios el Padre?

∾ ¿Qué aprendiste acerca de la creación?

Pensamiento para la semana

Dios dice que Su Hijo es diferente a los ángeles y a los profetas. ¿Qué lo hace diferente?

Hebreos 1:3 dice que Jesús es el resplandor de Su gloria y la representación exacta de Su naturaleza. La palabra griega traducida como "resplandor" es usada solamente aquí en el Nuevo testamento y significa "la perfecta reflexión del brillo". La palabra griega traducida como "representación exacta" significa impresión en algo. La idea de usar las dos palabras al mismo tiempo es que la gloria de Dios, la cual es Su naturaleza, está exactamente impresa en Jesús; así Jesús refleja en forma perfecta la gloria del Padre.

Si logramos entender que Jesús refleja perfectamente la gloria de Dios, entonces podremos entender mejor lo que el autor quiere decir con respecto a que en estos últimos días, Dios ha hablado por Su Hijo. Esto es importante: El texto no dice que Dios ha hablado a *través* del Hijo o *por* el

Hijo, refiriéndose a lo que el Hijo ha *dicho*. Más bien, Jesús, el Hijo de Dios, es la forma en que Dios nos habla. Él es el resplandor de la gloria de Dios y la representación exacta de Su naturaleza. También nos ayudará a entender Juan 14, donde el discípulo Felipe le pide a Jesús que le muestre al Padre. Jesús responde, "El que me ha visto a mí ha visto al Padre." En otras palabras, era tonto pedirle a Jesús que les muestre al Padre. Ellos habían visto a Jesús, por lo tanto habían visto la naturaleza del Padre.

Esto significa que Jesús *es* lo que el Padre es. Eso es distinto a decir que Jesús *tiene* lo que el Padre tiene. Dios no le *dio* algo a Jesús. Por lo contrario, Jesús *es* Dios.

Y porque Jesús es Dios, Él sostiene todas las cosas por la Palabra de Su poder. Él estaba en la creación del mundo y todo lo que se encuentra en él. Génesis enseña que en el principio, Dios habló para que la creación existiera. Dios Padre, Dios Hijo y Dios Espíritu Santo crearon al mundo. Juan escribe, "En el principio ya existía el Verbo (la Palabra), y el Verbo estaba con Dios, y el Verbo era Dios. El estaba (existía) en el principio con Dios. Todas las cosas fueron hechas por medio de Él, y sin Él nada de lo que ha sido hecho, fue hecho." (Juan 1:1-3).

Jesús no es solamente el *Creador* de todo; Él también es el *Redentor* de todo. Él llevó a cabo la purificación de pecados. Lo hizo personalmente y después, Jesús, no un profeta ni un ángel, se sentó a la diestra de la Majestad en las alturas. Profetas y ángeles son mensajeros de la Palabra de Dios, pero Jesús *es* la Palabra.

MEJOR QUE LOS ÁNGELES

Jesús es mejor que los ángeles. Él tiene un mejor nombre y una mejor posición y a diferencia de los ángeles, Él se hizo carne para venir a ayudarnos y salvarnos de nuestros pecados. Él se hizo como nosotros para redimirnos y rescatarnos de aquel que nos tenía cautivos bajo el poder de la muerte. Él se hizo nuestra propiciación para que pudiéramos vivir.

PRIMER DÍA

Lee Hebreos 2 y marca las palabras claves de tu separador. Marca *sujeto*[2] *(sujetado)* y agrégalo a tu separador. También marca *hombre*[3], pero no lo agregues a tu separador. Recuerda, una de las razones por lo cual marcamos palabras es para que vayamos lento y leamos con propósito. Hacemos las seis preguntas básicas para entender y absorber el mensaje. El objetivo no es tener una linda página coloreada sino una vida cambiada por la Palabra de Dios. El marcar es solo una herramienta que nos ayudará a conseguir nuestro objetivo.

⊱∾⊰

SEGUNDO DÍA

Antes de empezar a hacer listas sobre lo que has aprendido, vamos a ver más detenidamente el capítulo para estar seguro de que hayas marcado con precisión. Los versículos 5-9 pueden ser confusos porque la Biblia a veces usa la frase *hijo del hombre* para referirse a Jesús y a veces para referirse a un hombre (como Ezequiel). No queremos que te confundas.

Empecemos por señalar la primera palabra del versículo 9. ¿Qué es? La palabra "pero" es un separador que denota contraste entre lo que sucedió antes y lo que viene después. Los contrastes y comparaciones son importantes herramientas que los autores usan para enseñarnos verdades. Los contrastes enfatizan diferencias y las comparaciones enfatizan semejanzas. ¿Qué frase aparece en el versículo 7 y después en el 9?

¿Nos dice el versículo 9 quién es ese "Él"?

Así que el "Él" del versículo 7 es contrastado con el "Él" del 9, ¿verdad? Entonces, ¿Quién es el "hijo del hombre" en el versículo 7? En los versículos 6-8, "hijo del hombre" tiene un significado y es contrastado con la persona del versículo 9. Si te equivocaste al marcar, no te desanimes. ¿Ves lo importante que es leer cuidadosamente?

Ahora es hora de hacer una lista de lo que aprendiste de los personajes y las palabras clave que marcaste. Te sugerimos que añadas información a las listas que empezaste en el capítulo 1 para que tengas una lista compuesta de todo lo que aprendiste acerca de Jesús, Dios Padre y los ángeles.

⊱∾⊰

TERCER DÍA

Compara lo que aprendiste en el capítulo 2 con lo

que aprendiste en el capítulo 1. ¿Reafirma el capítulo 2 las verdades que viste en el 1 o revela cosas nuevas? ¿Agrega el capítulo 2 a la información dada en el 1? Explica tu respuesta.

CUARTO DÍA

¿De qué habla el autor cuando dice que el hombre es puesto a cargo de las obras de las manos de Dios y que todas las cosas están sujetas bajo sus pies? Suena como si fuera Jesús, pero como hemos observado cuidadosamente el versículo, sabemos que se refiere al hombre.

¿Qué mundo es sujeto al hombre y no a los ángeles? ¿Qué tal el mundo actual?

Veamos algunas referencias cruzadas de este tema, dejando que la Escritura se interprete a sí misma. Tenemos que considerar el contexto de toda la Biblia para entender así el contexto inmediato de estos versículos. Este es un principio muy importante: El contexto gobierna la interpretación.

Lee los siguientes pasajes:

Génesis 1:26-28

Génesis 3:1-8, 16-19

Romanos 5:12; 6:23

Juan 12:31; 16:11

Efesios 2:1-3; 6:12

Efesios 1:22-23; 2:4-7

Mateo 25:31

Apocalipsis 20:4-6

¿Quién tenía en realidad que gobernar el mundo? ¿Quién o qué gobierna el mundo ahora y por qué? ¿Qué depara el futuro?

ᴗᴘᴑᴗ

QUINTO Y SEXTO DÍA

Ahora vamos a ver cómo esta idea de que el mundo sea sujeto al hombre se relaciona con el último párrafo del capítulo 2, en la que el autor conecta a Jesús al hombre de una manera importante.

¿Cómo se relacionan los siguientes versículos con Hebreos 2:14-18?

Romanos 5:14-19

Filipenses 2:5-11

2 Corintios 5:21

La palabra *propiciación*[4] en Hebreos 2:17 no es muy común hoy en día. Así que vamos a ver si podemos entenderla basándonos en el contexto. El versículo 17 nos da la imagen del sumo sacerdote ofreciendo un sacrificio por los pecados del pueblo y Jesús es llamado nuestro sumo sacerdote. Sin embargo los versículos 9 y 14 nos dicen que Jesús probó la muerte, así que él también fue sacrificado.

Lee estos versículos:

Juan 1:29

1 Corintios 5:7

1 Pedro 1:18-19

Romanos 6:23

Gálatas 3:13

¿Cómo y por qué Jesús probó la muerte por la humanidad? Si quieres una descripción más gráfica de esto, lee el Salmo 22:1-21 que describe la verdadera angustia del Pastor que da su vida por Sus ovejas.

Piensa todo lo que viste en Hebreos 2. Sin repetir el tema de Hebreos 1, ¿cómo resumirías el mensaje o tema de Hebreos 2? Anótalo en el PANORAMA GENERAL DE HEBREOS. Utiliza las palabras del libro si puedes, pero que sea lo suficientemente breve para recordarlo y trata de capturar el corazón del capítulo.

SÉPTIMO DÍA

Guarda en tu corazón: Hebreos 2:14-15
Lee y discute: Hebreos 2

Preguntas para la Discusión o Estudio Individual

~ Discute como se relaciona Hebreos 2 con Hebreos 1.

~ ¿Qué información nueva aprendes acerca de los ángeles y su relación con Jesús?

~ Hebreos 2:5 dice, "Porque no sujetó a los ángeles el mundo venidero." ¿A quién sujeto Dios al mundo por venir? ¿Por qué? ¿Cuándo sucede esto?¿Cómo difiere esto con lo que está pasando en el mundo hoy? ¿Por qué está el mundo en las condiciones en que está?

~ Discute sobre la participación de Jesús en la carne y sangre. Utiliza las seis preguntas básicas.

~ Finalmente, discute sobre la propiciación. ¿Qué hizo Jesús y qué implicación tiene esto para ti? ¿Cómo afectará esto tu opinión de Jesús y tu alabanza?

Pensamiento para la semana

Hebreos 2 comienza con una instrucción importante para nosotros: "Debemos prestar mucha mayor atención a lo que hemos oído, no sea que nos desviemos." Esta instrucción está basada en las verdades acerca de Jesús dadas en el capítulo 1; pero la razón por la cual se dan está dada en los siguientes versículos, haciendo la pregunta retórica, "¿cómo escaparemos si descuidamos una salvación tan grande? Dios testificó poderosamente acerca de esto con milagros, señales y maravillas personales. Nosotros no vimos personalmente estos milagros, señales y maravillas, pero las personas que estaban vivas durante y después del breve ministerio terrenal de Jesús, definitivamente las vieron. El escritor de Hebreos está diciendo que hay abundante testimonio de la verdad de esta gran salvación.

Desde nuestro punto de vista más lejano, muchos años después, ¿tenemos la convicción de lo mismo? ¿Creemos con la misma fuerza? Y ¿vemos la grandeza de la salvación que tenemos?

Mucho depende de la manera que vemos la realidad y las consecuencias del pecado. Si vemos que Dios diseñó al hombre para tener una relación íntima con Él, como lo indica Génesis, entonces debemos entender lo horroroso de la ruptura de la relación por causa del pecado. Si entendemos la justa demanda de que el pecado conduce a la muerte, que la paga del pecado es muerte, entonces podemos comenzar a comprender la maravilla de la salvación del pecado.

A veces perdemos de vista la clase de muerte que la Biblia describe, porque estamos familiarizados con la muerte física, pero no lo suficientemente familiarizados con la muerte eterna en el lago de fuego, que es lo que les espera a todos los que no son salvados. Tal vez no creamos que sea verdad.

Pero Jesús se hizo carne y sangre y murió por nosotros para que no pasáramos la eternidad en el lago de fuego. Ese estado eterno debe ser horrible, para que Dios sacrifique a su Hijo para salvarnos de él. Jesús no solo es nuestro sumo sacerdote sino también el sacrificio mismo que propicia la ira de Dios, que exige justicia por el pecado.

Nosotros no podíamos pagar el precio, ya que no somos libres de pecado. Así que, Jesús voluntariamente se hizo carne y resistió perfectamente todas las tentaciones que nosotros sufrimos, para que Su sacrificio sin pecado, hiciera el trabajo. Fue semejante a nosotros en el nacimiento, habiendo nacido de una mujer. Fue semejante a nosotros en la familia, teniendo una madre, un padre, hermanos y hermanas. Fue semejante a nosotros en la educación religiosa, aprendiendo la Palabra de Dios y las enseñanzas de Su fe Judía. Fue como nosotros cuando experimentó el rechazo de aquellos que reusaron creer el evangelio. Fue como nosotros en la tentación, conociendo la lucha que tenemos para resistir el blasfemar a Dios con nuestras acciones y palabras. Se hizo semejante a nosotros en el sufrimiento, aguantando golpes y azotes en los juicios ante los judíos y romanos. Fue como nosotros en que fue juzgado por otros que creían que estaba loco. Fue como nosotros en que fue odiado y fue como nosotros en que oró para ser liberado de la agonía, como cuando oró en el jardín de Getsemaní.

Pero a diferencia de nosotros, Él no cedió a la tentación. Dios "Al que no conoció pecado, Lo hizo pecado por nosotros, para que fuéramos hechos justicia de Dios en Él." (2 Corintios 5:21). Jesús nunca pecó, por lo que no solo fue el sacrificio perfecto, sino también el autor de nuestra salvación. Nosotros no iniciamos la salvación. No sabíamos como salvarnos a nosotros mismos o cómo satisfacer la ira de Dios. Nosotros no hicimos que Jesús decidiera ser nuestro sacrificio o que se hiciera carne y tampoco lo ayudamos a resistir la tentación. Todo esto lo hizo Él por sí mismo por su amor. Su amor hizo que Él viniera a nuestro rescate. Su amor lo clavó en la cruz y nos amó mientras aún éramos pecadores.

Muriendo en la cruz como un sacrificio sin pecado y resucitando de la muerte, Jesús rompió el poder de la misma. Él venció a Satanás, que tenía el poder de la muerte y nos libró de nuestro sometimiento a él, que nos tenía esclavizados por nuestros pecados. Un día, debido a su resurrección, nosotros también reinaremos en el poder de la resurrección en el mundo que vendrá. ¡Aleluya!

LA CASA DE DIOS

"También ustedes, como piedras vivas, sean edificados como casa espiritual" (1 Pedro 2:5). "Están edificados sobre el fundamento de los apóstoles y profetas, siendo Cristo Jesús mismo la piedra angular" (Efesios 2:20).

PRIMER DÍA

Ahora que estas familiarizándote con la metodología del estudio inductivo de la Biblia, nuestras instrucciones serán más breves. Hoy, lee y marca Hebreos 3. Marca *Moisés, reposo* y la frase *si retenemos firme*[5], pero solo agrega la palabra *reposo* a tu separador. Ya sabes marcar y sabes por qué lo hacemos. (Si no te acuerdas, repasa las lecciones anteriores). Sigue haciendo las seis preguntas básicas.

SEGUNDO DÍA

Haz una lista de lo que aprendes de las palabras marcadas. Fíjate en los contrastes o comparaciones que hay en las listas que hiciste de Jesús y Moisés.

TERCER DÍA

Hasta ahora no hemos pasado mucho tiempo mirando las instrucciones dadas al lector, aunque este capítulo tiene varias. Lee otra vez el capítulo y marca o subraya lo que te hemos indicado. Después haz lo mismo en los dos primeros capítulos. Cuando termines de marcar, haz una lista de lo que aprendiste.

¿Viste ideas repetidas en esta lista? ¿Qué ánimo te da? ¿Qué retos?

CUARTO DÍA

Otra forma de entender mejor un mensaje es hacer un bosquejo o por lo menos una lista de los puntos principales de una discusión o pasaje. Hasta el momento en Hebreos, ¿con qué o con quién se lo ha comparado a Jesús? ¿Cómo se compara Jesús con cada uno? Para cada uno, haz una lista de lo que es verdad acerca de Jesús que hace que esta comparación sea importante.

¿Ves un patrón en lo que el autor está diciendo? ¿Esperas ver más de esto a medida que profundizas en el libro?

QUINTO DÍA

Si no estás inmerso en el Antiguo Testamento de la forma que los destinatarios de la carta estaban, estas referencias no tendrán tanto impacto como el autor quiso. Por ejemplo, el autor habla acerca de la fidelidad de Moisés, pero si no sabes cual pudo haber sido la causa de que Moisés se diera por vencido, no podrás apreciar la fidelidad superior de Jesús. De la misma manera, si no sabemos cómo la gente endureció sus corazones y fallaron entrar en el reposo que Moisés prometió, podríamos no darnos cuenta del reto de no ser como ellos.

Así que hagamos un repaso histórico acerca de Moisés y los hijos de Israel durante el éxodo de Egipto y el andar errantes en el desierto. Lee los siguientes versículos y relaciónalos con lo que aprendes en Hebreos 3:

Éxodo 3:1-8,16-17; 17:1-7

Números 13-14

Números 20:1-13

Deuteronomio 6:23

Hechos 7:1-53

1 Corintios 10:1-13

SEXTO DÍA

¿Qué significa ser fiel a una "casa"? Lee los siguientes versículos y anota tus conclusiones:

Efesios 2:11-22

1 Pedro 2:4-5; 4:17

Romanos 16:3-5

Colosenses 4:15

¿Qué significa ser "participante de Cristo"? Lee estos pasajes y anota lo que aprendes:

Juan 6:48-51

Juan 14:16-20, 23-24

Romanos 8:9-11

Colosenses 1:24-27

Efesios 5:25-32

Finalmente, decide el tema de Hebreos 3 y anótalo en el PANORAMA GENERAL DE HEBREOS

SÉPTIMO DÍA

Guarda en tu corazón: Hebreos 3:14
Lee y discute: Hebreos 3

PREGUNTAS PARA LA DISCUSIÓN O ESTUDIO INDIVIDUAL

∾ Discute sobre la comparación de Moisés y Jesús.

∾ Discute como Moisés fue fiel a su casa, a pesar de que la gente era desobediente. Tal vez quieras empezar repasando los puntos principales de Éxodo y notando las acciones de Moisés.

∾ ¿Qué significa ser parte de la casa de Dios?

∾ ¿Qué significa ser partícipe de Cristo?

∾ Repasa las órdenes en los primeros tres capítulos de Hebreos. ¿Cuál te parece que sea el más difícil?

ↄ Repasa los contrastes y las comparaciones que has
visto que se refieran a Jesús. ¿Cómo es superior Jesús
en cada caso? ¿Cuán importantes son estas verdades?
¿Cambian tu opinión de lo que has leído, visto o de lo
que te han enseñado?

Pensamiento para la semana

La frase "si retenemos firme" aparece dos veces en
Hebreos 3. La primera vez en Hebreos 3:6, donde la
condición "si" se aplica a nosotros, al ser parte de la casa
de Dios.

> Pero Cristo fue fiel como Hijo sobre la casa de
> Dios, cuya casa somos nosotros, si retenemos firme
> hasta el fin nuestra confianza y la gloria de nuestra
> esperanza.

La segunda vez es en Hebreos 3:14 donde la condición
es que somos partícipes de Cristo:

> Porque somos hechos partícipes de Cristo, si es que
> retenemos firme hasta el fin el principio de nuestra
> seguridad.

El reto que se nos da es retener firmes hasta el fin y la
condición es si retenemos firmes. En otras palabras, lo que
dice aquí el escritor es que somos parte de la casa de Dios
y partícipes de Cristo *si* retenemos firmes hasta el fin. ¿Qué
significa esto?

Significa, que aquellos que son de la casa de Dios,
aquellos que son partícipes de Cristo, *realmente* retienen
firmes hasta el fin y aquellos que no retienen hasta el fin
nunca fueron parte de la casa de Dios ni partícipes de
Cristo. Tal vez hayan sido miembros de alguna iglesia,
sentándose en su banco preferido durante el servicio

de adoración, participando en actividades, cantando alabanzas y recitando versículos; pero cualquiera puede imitar estas cosas sin ser realmente parte de la casa de Dios. Segunda de Corintios 11:13-15 nos advierte acerca de estos impostores:

> Porque los tales son falsos apóstoles, obreros fraudulentos, que se disfrazan como apóstoles de Cristo (el Mesías). Y no es de extrañar, pues aun Satanás se disfraza como ángel de luz. Por tanto, no es de sorprender que sus servidores también se disfracen como servidores de justicia, cuyo fin será conforme a sus obras.

A pesar de que estos engañadores están encubiertos, sus obras los delatan. Primera de Juan 3 nos dice que los hijos del diablo son evidentes por su estilo de vida. Hoy en día mucha gente dice que tu puedes ser un hijo de Dios al creer, pero que tu estilo de vida no tiene que cambiar para reflejar al que perteneces. Estas personas enseñan que un *discípulo* lleva un estilo de vida santo y que la casa de Dios incluye creyentes y discípulos.

Pero, ¿es esto lo que enseñó Juan o Pablo o el escritor de Hebreos? O decían que los que realmente son partícipes de Cristo darán evidencia con sus vidas. Los que perseveren reinarán, de acuerdo con la segunda carta de Pablo a Timoteo y el mismo versículo dice que el que niega a Jesús será negado por Él (2 Timoteo 2:12).

Estas verdades están basadas en las mismas palabras de Jesús en los evangelios. Él nos advirtió que muchos dirán "Señor, Señor," pero Él les contestará que nunca los conoció. Continuando en la fe y no apartarse en tiempos difíciles o persecución, esa es la evidencia de tu salvación. A través de los siglos, mártires de Cristo han muerto por su fe. En lugar de negar, fueron apresados, torturados y asesinados. Aguantaron esto porque sabían cuan grande era su salvación. Conocían a su Pastor y Él los conocía a ellos y nadie podía separarlos de Él. Él no pierde a los suyos. Él los predestinó, los llamó, los justificó y los glorificó. Del principio al fin, fueron de Él. Esa es la soberanía de Dios. Esa es la firmeza de la fe, la verdadera salvación, la verdadera participación en Jesús y ser parte de la casa de Dios, para nunca volver al reino de Satanás.

ENTRA A MI DESCANSO

En seis días, Dios completó toda la creación y en el séptimo descansó de todo Su trabajo. Cuando Dios hizo un pacto con Israel en el Monte Sinaí, Él les mando a descansar de su trabajo y mantener el Día de Reposo en el séptimo día de la semana. También les mando a hacer descansar la tierra cada siete años. ¿Qué significa entrar en el descanso de Dios? ¿Es solo un descanso físico en un día de los siete días? ¿O es algo más?

PRIMER DÍA

Lee Hebreos 4 y marca las palabras claves de tu separador. Marca *sumo sacerdote* y *fe* y agrégalos a tu separador. Estaremos viendo al sumo sacerdote durante varios capítulos y más adelante en Hebreos, la palabra *fe* es usada más veces.

SEGUNDO DÍA

¿Cuál es nuestro próximo paso en el estudio? Correcto, hacer listas de lo que aprendemos de las palabras claves. Esta es nuestra tarea hoy.

TERCER DÍA

Otra herramienta en la interpretación es ver el significado de las palabras griegas (Nuevo Testamento) o hebreas (Antiguo Testamento) que han sido traducidas al español. Estudios selectos de palabras pueden aclarar el significado del texto. En la Nueva Serie de Estudio Inductivo no te pedimos que hagas tú mismo el estudio de palabras, pero si estás interesado en aprender cómo encontrar las definiciones griegas o hebreas y sus significados o implicaciones gramáticas, consigue el libro *Cómo Estudiar la Biblia**.

La palabra griega traducida "descanso" en la mayoría del capítulo 3 y 4 es *katapausis*, que significa "dejar de trabajar". Sin embargo, en Hebreos 4:9 la palabra "reposo" es una traducción de la palabra griega *sabbatismos*, que es simplemente una transliteración de la palabra hebrea *shabbat*. Para entender mejor el concepto, veamos referencias cruzadas y dejemos que la Escritura interprete a la Escritura.

Lee los siguientes versículos y anota lo que aprendes:

ᕟ Génesis 2:1-3

---

* Cómo Estudiar tu Biblia de Ministerios Precepto lo puedes encontrar en las oficinas de Ministerios Precepto en tu país.

∾ Éxodo 20:8-11

∾ Éxodo 31:12-17 (¿Qué es una señal? ¿Entre quién es la señal en Éxodo 31?)

∾ Ezequiel 20:1-24 (Solo lee y fíjate como le responde Israel a Dios).

CUARTO Y QUINTO DÍA

Aquí viene el rompecabezas. Durante los próximos dos días aprenderemos a razonar basándonos en las Escrituras y usando el contexto de una manera que no lo hemos hecho antes.

El autor de Hebreos nos impulsa a que nos esforcemos a entrar en ese reposo no sea que alguno caiga, así que asegurémonos de entender los que significa "entrar en ese reposo". Tratemos de responder estas preguntas: ¿Qué es ese reposo? ¿Cómo entramos en ese reposo?

Las siguientes son tres puntos de vista comunes acerca de este reposo:

1. *La vida de reposo en la fe.* Es cuando nos damos cuenta que simplemente debemos descansar en la fe y confiar en las promesas de Dios, sin afanarnos a complacerle con nuestros propios esfuerzos o trabajo. Lee estos versículos:

    Colosenses 2:6-7

    2 Corintios 5:7

    Mateo 11:28:30

2. *El descanso milenial.* Este es el período de tiempo cuando Cristo reinará en la tierra durante 1.000 años y la nación de Israel finalmente recibirá lo que le fue prometido en el Nuevo Pacto. Israel descansará en la tierra prometida mientras Cristo

reina como Rey de reyes. Lee Daniel 7:13-14, 27-48 y Zacarías 14:1-9, 16-21. (No todos creen que Apocalipsis 20 describe un reinado literal de 1.000 años de Cristo en la tierra).

3. *El nuevo cielo y la nueva tierra.* Después de que el cielo y la tierra sean destruidas, la paz reinará para siempre en un nuevo cielo y una nueva tierra. Lee estos versículos:

2 Pedro 3:10-13

Isaías 65:17-18; 66:22-23

Apocalipsis 14:13

Apocalipsis 21

Entonces, ¿Cómo determinamos cual de las tres es la que el autor quiso expresar? Para contestar, debemos permanecer en el contexto de Hebreos y peguntarnos qué es lo que aprendimos en los capítulos 3 y 4 acerca del reposo. ¿Qué nos previene entrar? Y ¿cuáles serían las consecuencias de no entrar? Después de que contestemos estas preguntas, podemos decidir cuál de estas interpretaciones se ajusta mejor al contexto de Hebreos.

SEXTO DÍA

Lee Hebreos 4:12-13 y considera cómo se relacionan con los 11 versos anteriores. El versículo 12 tal vez sea familiar, pero ¿toma un significado especial dentro del contexto?

¿Cuáles son las dos últimas órdenes de este capítulo? ¿Cómo estableció la frase repetida *por lo tanto* estas órdenes?

¿Qué palabra es repetida en el versículo 16 que se

relaciona con el descansar de las obras? ¿Nos ayuda esto a interpretar la palabra *descanso* en este capítulo? Anota el tema de Hebreos 4 en el PANORAMA GENERAL DE HEBREOS.

⁓⌒⌒⌒⌒
SÉPTIMO DÍA

Guarda en tu corazón: Hebreos 4:16
Lee y discute: Hebreos 4

PREGUNTAS PARA LA DISCUSIÓN O ESTUDIO INDIVIDUAL

⁓ Repasa las órdenes de este capítulo. ¿Por qué el autor urge a que sus lectores hagan estas cosas?

⁓ Discute acerca de la idea de descanso y las distintas interpretaciones. ¿Cuál parece encajar mejor en el contexto? ¿Puede más de una ser verdad, a pesar de que solo una es la intención del autor?

⁓ ¿Cuál es la relación entre caer por causa de la desobediencia y el hecho de que la Palabra de Dios es más filosa que una espada de dos filos? ¿Cómo sabe Dios juzgar correctamente?

⁓ Discute lo que has aprendido acerca de nuestro sumo sacerdote.

⁓ Discute como se relaciona la gracia con el descanso.

⁓ Finalmente, ¿cuál es la lección de Dios para nosotros? ¿Qué podemos aplicar en nuestras vidas?

PENSAMIENTO PARA LA SEMANA

Una de las imágenes más poderosas en el Antiguo Testamento es el Día de Reposo. Es el sello distintivo del judaísmo de hoy. Aun muchos de los judíos no-observantes mantienen las tradiciones de comer la comida del Día de Reposo, prender las velas correspondientes al Día de Reposo y así sucesivamente. Algunos cristianos guardan ese día, ya que es unos de los diez mandamientos; los cristianos deberían guardar el Día de Reposo hoy en día. Pero si el Día de Reposo fue una señal del pacto entre Dios e Israel (no cristiano), entonces ¿necesitan los cristianos guardar el Día de Reposo como demanda la Ley? Estamos en el Nuevo Testamento y la ley está escrita en nuestros corazones, no en tablas de piedra. Tenemos nuevos corazones, corazones de carne que reemplazan los corazones de piedra que teníamos. El Espíritu está en nosotros y Él nos guía a la obediencia. La Ley ya no nos guía a la obediencia porque era solo un maestro, un tutor, para llevarnos a Cristo. Cristo ha venido para cumplir la ley; Colosenses 2:16-17 nos da esta instrucción:

> Por tanto, que nadie se constituya en juez
> de ustedes (nadie los juzgue) con respecto a
> comida o bebida o en cuanto a día de fiesta
> o luna nueva o día de reposo, cosas que sólo
> son sombra de lo que ha de venir, pero el
> cuerpo pertenece a Cristo.

Podemos reunirnos para adorar cualquier día sin ser juzgados. Podemos reunirnos el sábado como los judíos, pero no debemos juzgar a otros si no lo hacen. Los registros más antiguos de la iglesia (por ejemplo Hechos 20:7), muestran que los primeros cristianos se reunían el Día del Señor (Apocalipsis 1:10), el primer día de la semana, el domingo. Esto celebra la resurrección de Cristo.

Así que el día en si no es la cuestión. ¿Entonces qué es? ¿Es el Día de Reposo solamente descansar un día de los siete? O ¿es algo más? El contexto de Hebreos 4 dice que hay otro reposo más allá del que Moisés y Josué podían proveer.

El resto de Hebreos 4 *queda* para el pueblo de Dios, para aquellos que han entrado en el reposo de Dios y que han descansado de sus obras.

El último versículo de Hebreos 4 habla de acercarse al trono de gracia para que podamos recibir misericordia y hallar gracia en tiempo de necesidad. Esto significa que nuestro reposo es más que literalmente un "día libre" de nuestro trabajo físico. Debe referirse a un descanso del trabajo para ganar salvación o el favor de Dios.

Nuestro descanso es descansar en gracia. Sí, debemos abundar en buenas obras; pero como Tito 2:14 y 3:5-8 aclara, nuestras obras no nos ganan salvación. Más bien, nuestros trabajos son evidencia de nuestra salvación.

Santiago 2:14-26 nos dice que la fe sin obras es muerta. Nuestras obras revelan nuestra fe, probando que nuestra fe es más que palabras.

Entonces, ¿cómo endurecieron los hijos de Israel sus corazones? De acuerdo a Hebreos 3:18-19, ellos desobedecieron por no creer a Dios. Así que la desobediencia en Hebreos 4:11 es también incredulidad. Entramos en descanso a través del creer, no simplemente descansando de nuestras labores físicas, en un cierto día específico de la semana. Hebreos 3 y 4 describe ese descanso en la fe. En lugar de tratar de ganar la salvación haciendo buenas obras, descansamos en fe, recibiendo la gracia de Dios.

¿No te alegra saber que este descanso dura más de un día a la semana o de un año cada siete años? Este descanso es eterno y trae misericordia y gracia. ¡Esto es para alegrarse! Regocíjate y alégrate y descansa en la paz de saber que estás en los brazos amorosos de un Padre misericordioso y lleno de gracia.

Un Gran Sumo Sacerdote

ର୍ଷ ର୍ଷ ର୍ଷ ର୍ଷ

En los días del tabernáculo y el templo, el sumo sacerdote representó a la gente de Israel ante Dios. Muchos sacerdotes ofrecían sacrificios e interpretaban la Ley, pero solo el sumo sacerdote podía ir al lugar santísimo y solamente podía entrar un solo día del año, el Día de la Expiación. Él rociaba sangre sobre el propiciatorio que cubría el arca del pacto; pero Jesús se ha convertido en nuestro gran sumo sacerdote. ¿Qué significa esto para nosotros hoy día, cuando no hay tabernáculo, ni templo, ni Arca del Pacto?

ର୍ଷ ର୍ଷ

PRIMER DÍA

Después de orar, lee Hebreos 5 y marca las palabras claves de tu separador. Fíjate especialmente en las referencias a *sumo sacerdote*, que ya has agregado en tu separador. No te olvides hacer las seis preguntas básicas mientras lees.

SEGUNDO DÍA

Para seguir la costumbre, haz listas de lo que aprendes al marcar las palabras claves, otra vez haz las seis preguntas básicas.

TERCER DÍA

Lee el capítulo otra vez y marca la frase *según el orden de Melquisedec*. Ya que verás esta frase otra vez en los dos siguientes capítulos agrégalo a tu separador.

¿Cuáles son los tres sacerdotes que se mencionan en el capítulo 5?

Haz un cuadro de tres columnas con los siguientes títulos: Sacerdocio Levítico, Jesús y Melquisedec. Lista lo que aprendes de cada sacerdocio.

CUARTO Y QUINTO DÍA

Jacob, el hijo de Isaac, el hijo de Abraham, tuvo 12 hijos. De estos hijos nacieron las 12 tribus de Israel, las cuales heredaron una porción de la tierra prometida de Canaán. Sin embargo, los descendientes de uno de los hijos de Jacob, Leví, fueron designados por Dios como sacerdotes del pueblo. Moisés y Aarón eran ambos descendientes de Leví, pero Dios eligió a Aarón y sus descendientes para ser sacerdotes. Por lo tanto, el sacerdocio se lo conoce como sacerdocio Levítico y sacerdocio Aarónico.

Para tener mejor apreciación de la formación de este sacerdocio, lee Éxodo 28-29 y Levítico 8-9. Estos capítulos describen las vestiduras y la consagración de Aarón y sus hijos.

El sistema de sacrificio es presentado en su totalidad en Levítico. Si deseas estudiar Levítico, consigue el libro *Enséñame Tus Caminos* de la Nueva Serie de Estudio Inductivo. Ese estudio de 37 semanas cubre brevemente los capítulos de Génesis a Deuteronomio. La parte que cubre Levítico es solo de siete semanas.

SEXTO DÍA

Lee 1 Pedro 2:5-10 y haz una lista de lo que aprendes acerca del sacerdocio de los creyentes. ¿Cómo se compara este con los otros sacerdocios?

Finalmente, determina el tema de Hebreos 5 y anótalo en el PANORAMA GENERAL DE HEBREOS.

SÉPTIMO DÍA

Guarda en tu corazón: Hebreos 5:9
Lee y discute: Hebreos 5

Preguntas para la Discusión o Estudio Individual

∿ Discute sobre tus ideas sobre el sacerdocio Aarónico.

∿ Compara el sacerdocio de Aarón con el de Jesús.

∿ ¿Por qué es clave Hebreos 5:9 para entender este capítulo?

∿ ¿Qué reto encuentras en Hebreos 5:11-14?
¿Qué tipo de creyente eres? ¿Cómo lo sabes?

∿ Discute nuestro sacerdocio.

Pensamiento para la semana

Uno de los aspectos más importantes de la relación de Israel con Dios fue el sistema de sacrificios administrado por el sacerdocio de Aarón. Este sistema duró desde Éxodo hasta la destrucción del templo en Jerusalén por los romanos en el año 70 DC, con un intervalo de 70 años entre el 586 A.C. (la destrucción del templo de Salomón) y el 516 A.C. (la construcción del templo después del exilio). Dado que hoy en día los judíos no tienen templo, tampoco tienen un sistema de sacrificios ni sacerdocio. Tienes rabinos o maestros y sinagogas para reunirse en los servicios semanales de lectura de la Escritura, sermones y oración. Sin embargo algunos judíos están muy activos preparando las prendas para los sacerdotes y los artículos para el templo, porque ellos toman muy en serio lo que dice la Biblia de que el templo será reconstruido y el servicio restaurado.

Esto es muy interesante, pero nosotros los cristianos no estamos obligados a ese sistema de adoración en ese templo, ni a ese sacerdocio, ya que no somos parte del pacto de la Ley, el cual Dios hizo con Israel en el Sinaí. Nosotros somos parte del Nuevo Pacto, del cual verás más en Hebreos.

El sacerdocio de Jesús es más importante para nosotros, como ya veremos en nuestro estudio. También estamos interesados en el sacerdocio de los creyentes, ¡tú y yo! Nosotros ofrecemos sacrificios espirituales, que no son como los sacrificios físicos del sacerdocio Aarónico. Como la nación de Israel, somos una raza elegida, un sacerdocio real, una nación santa, un pueblo adquirido para la posesión de Dios. Y nuestro propósito es proclamar las virtudes de aquel que nos llamó de las tinieblas a su luz. En otro tiempo no éramos pueblo, ahora somos el pueblo de Dios (1 Pedro 2:9-10).

Esto no quiere decir que hayamos remplazado a Israel como el pueblo elegido de Dios, sino que hemos sido injertados en el pueblo de Dios. El Nuevo Pacto que describe Jeremías 31 y Ezequiel 36 no rechaza a Israel, pero de acuerdo a los evangelios y a Romanos 11, nos incluye en el Nuevo Pacto.

Tampoco hemos reemplazado el sacerdocio Levítico o el de Jesús, ya que Él es nuestro sumo sacerdote. Ahora nosotros tenemos un lugar de servicio como sacerdotes de Dios, ofreciendo sacrificios espirituales. Pablo se refirió a esto varias veces en sus cartas

> Por tanto, hermanos, les ruego por las misericordias de Dios que presenten sus cuerpos como sacrificio vivo y santo, aceptable (agradable) a Dios, que es el culto racional de ustedes. (Romanos 12:1).

> Pero aunque yo sea derramado como libación (ofrenda líquida) sobre el sacrificio y servicio de su fe, me regocijo y comparto mi gozo con todos ustedes. (Filipenses 2:17)

> Pero lo he recibido todo y tengo abundancia. Estoy bien abastecido, habiendo recibido de Epafrodito lo que han enviado: fragante aroma, sacrificio aceptable, agradable a Dios. (Filipenses 4:18).

Servimos a Dios cuando le entregamos nuestras vidas, incluyendo nuestra fe, nuestro servicio y nuestros regalos monetarios. Ese es el contexto de Filipenses 4:18. Esos son los sacrificios espirituales que ofrecemos como sacerdotes. Si estudias los sacrificios en el libro de Levítico, verás que estos no son sacrificios de culpa o de pecado, nuestra culpa es removida y nuestros pecados propiciados en el sacrificio de Cristo. Nuestros sacrificios son de agradecimiento. Los ofrecemos como gratitud por el perdón y la vida que se nos da, por la misericordia que nos es brindada en Cristo.

MEJOR ESPERANZA

Nadie quiere vivir sin esperanza. Todos buscamos algo o alguien que nos dé esperanza de un futuro mejor; pero, ¿acaso podemos *confiar* en el objeto de nuestra esperanza? ¿Podemos tener seguridad? Esa es la esperanza que encontramos en Hebreos 6; una esperanza que es ancla para nuestra alma, segura y firme.

PRIMER DÍA

Para seguir la costumbre de estas últimas cinco semanas, lee el capítulo de esta semana (Hebreos 6), marcando las palabras claves de tu separador. Marca también *esperanza* y *promesa* y agrégalos a tu separador.

SEGUNDO DÍA

Haz listas de lo que has aprendido al marcar las palabras clave. Asegúrate de hacer las seis preguntas básicas mientras vas leyendo.

Compara también las listas. ¿Qué tiene que ver la promesa con la esperanza? ¿Cómo se relacionan con Dios?

✍

TERCER DÍA

Hebreos 6 continúa un concepto que empezó en Hebreos 5:11. Las divisiones de los capítulos de la Biblia se agregaron muchos siglos después de los escritos originales y son hechas por los hombres, no inspiradas por Dios. A veces necesitamos leer el final de un capítulo con el principio del siguiente, ignorando la interrupción de capítulos para entender el hilo del pensamiento. Por lo tanto hoy lee Hebreos 5:11-6:12.

¿Cuál fue el tema en Hebreos 5:11-14? ¿Cómo continúa ese tema Hebreos 6:1-2?

¿Qué dos tipos de personas son contrastados en estos versículos?

¿Qué dos tipos de personas son contrastados en Hebreos 6:4-12? Lee estos versículos:

1 Corintios 3:1-9

1 Corintios 9:24-27

Efesios 4:11-16

1 Pedro 2:1-3

¿Cómo te ayudan estos versículos a entender el contraste?

✍

CUARTO DÍA

¿Qué quiere decir el autor con "obras muertas" en Hebreos 6:1. Busca estas referencias cruzadas:

Isaías 64:6

Efesios 2:8-9

Romanos 9:30-32

Gálatas 3:5,10

Ahora, ¿cuál es el valor de nuestras obras (nuestras buenas obras) apartados de Cristo? ¿Qué es "arrepentimiento de obras muertas"? Lee estas escrituras y nota lo que aprendes acerca del arrepentimiento y la salvación:

Mateo 3:1-3

Lucas 13:3

Hechos 2:38

Hechos 20:17-21

Hechos 26:15-20

_____ ◈◈◈ _____
QUINTO DÍA

Ahora, vamos a pasar de mirar hacia atrás a mirar hacia adelante. Lee Hebreos 6:11-20 otra vez para refrescar tu memoria. Marcaste *promesa* y *esperanza* para que puedas ver que estos temas son importantes en estos versículos. Repasa las listas de estas dos palabras claves.

Si no estás familiarizado con la promesa que Dios le hizo a Abraham, lee estos pasajes:

Génesis 12:1-2

Génesis 13:14-16

Génesis 15:4-6,18

Génesis 17:1-8,15-21

Génesis 21:1-12

Génesis 22:1-19 (este pasaje contiene la cita en Hebreos 6:14)

Por hoy es suficiente. Terminaremos mañana.

✍✍✍

SEXTO DÍA

La clave para entender la referencia del autor a la constancia de Abraham se encuentra en la promesa que Dios le hace a Abraham de una semilla a través de la cual todas las demás promesas serían cumplidas, la gran descendencia y la posesión de la tierra. Dios le prometió a Abraham una semilla a través de la cual todas las otras promesas (incluyendo sus numerosos descendientes y su posesión de la tierra) serían cumplidas. Sin embargo, Dios le pidió a Abraham que sacrifique a su hijo. ¿Cómo podía ser cumplida la promesa? Abraham tuvo que tener esperanza. ¿En qué se basó esta esperanza? ¿Qué ves en los versículos 16-18?

Ahora, ¿cómo se relaciona esto con nuestras promesas y nuestra esperanza? ¿En qué se basa tu esperanza?

¿Cómo describe el escritor de Hebreos esta esperanza? ¿Cómo encaja Jesús en esta idea de una esperanza firme?

Anota el tema de Hebreos 6 en el PANORAMA GENERAL DE HEBREOS.

✍✍✍

SEPTIMO DÍA

Guarda en tu corazón: Hebreos 6:19
Lee y discute: Hebreos 6

Preguntas para la Discusión o Estudio Individual

∾ Discute el contraste en madurez en asuntos espirituales que se menciona en Hebreos 5:11-6:12. ¿Ves ese contraste en la vida de la gente hoy en día?

∾ ¿Qué exhortaciones en Hebreos 6 te hablan a ti? ¿Cómo te ayudan a vivir para Cristo?

∾ ¿Cómo el ejemplo de Abraham influencia tu esperanza?

∾ ¿Qué tipo de esperanza describe Hebreos 6?

∾ ¿Qué tipo de esperanza tienes hoy? ¿Qué preocupaciones estas acarreando hoy y cómo puedes aplicar Hebreos 6 a tu vida?

Pensamiento para la semana

Hebreos 6 incluyó dos ideas principales: avanzando a la madurez y teniendo esperanza para el futuro. Las dos están relacionadas porque la gente inmadura pierde esperanza. La gente madura descansa en la seguridad de la esperanza basada en las promesas de Dios, quien no puede mentir.

Las verdades eternas de este capítulo nos retan a examinar nuestra condición espiritual, nuestra madurez, nuestros deseos y nuestra confianza en Dios. Nos ayudan a hacer una refrescante reexaminación de nuestra relación con Dios y Su Palabra. Esa fue la intención del autor cuando escribió estas palabras hace casi 2.000.

Primero, asegurémonos de entender el mensaje de la primera mitad de Hebreos 6. El resto de las Escrituras ampliamente indican que nuestra salvación está protegida desde cuando Dios en su soberanía nos eligió antes de la fundación del mundo. Así que el mensaje acerca de caer no se refiere a perder nuestra salvación, sino a apartarnos de la vida cristiana, alejándonos de las buenas obras que los evangelios y las cartas del Nuevo Testamento nos impulsan a practicar.

Dios se acuerda de nuestras obras. El recuerda nuestro amor, el cual Juan nos recuerda con tanta claridad, que es el sello distintivo del cristiano, el cual es conocido por su amor (Juan 13:35; 1 Juan 3:14; 4:20). Santiago enfatiza este concepto con su expresión famosa "la fe sin las obras está muerta" (Santiago 2:26), acordándonos que nuestras obras demuestran nuestra fe.

Hebreos 5-6 afronta el problema de la pereza. Algunos cristianos no habían madurado como debían o el autor no les recordaría que todavía necesitaban leche, en lugar de alimentos sólidos. Él los instó a seguir adelante para llegar a la madurez, a ir más allá de las enseñanzas elementales que cualquier niño pequeño conoce.

¿Qué enseñanzas se pueden describir como alimento sólido? La leche es que Jesús murió por nuestros pecados y resucitó a una vida nueva y que si tú crees tendrás vida eterna. El alimento sólido es que la vida incluirá sufrimientos y que tú puedes vivir a través de ellos victoriosamente. Así como Jesús conquistó la tumba, tú también tienes que superar las dificultades de la vida: persecución, sufrimientos y penurias y mantener tu fe. Mantienes tu fe con hechos, no con palabras, con una vida basada en la verdad de tu posición en Cristo, una vida que no es derrotada por las dificultades de la vida.

Si tu vida está anclada por la esperanza de una vida futura eterna con Cristo, entonces eres imitador de Cristo, el cual se enfocó en la resurrección cuando se enfrentó a la cruz. Ésta es la esperanza que tuvo Abraham cuando Dios le ordenó sacrificar a su único hijo, a través del cual la promesa sería cumplida. En Hebreos 11 veremos que Abraham se mantuvo obediente debido a la esperanza que tenía en el poder de Dios de resucitar. Su esperanza fue un ancla para su alma.

Si nosotros no tenemos ese tipo de seguridad y confianza en la promesa de Dios, ¿realmente confiamos en la resurrección de Jesús? Si tenemos confianza y seguridad en la resurrección de Jesús, ¿por qué no tenemos confianza y seguridad en nuestras propias vidas?

Si no tenemos confianza y seguridad, no tenemos esperanza. La esperanza bíblica descrita aquí no es como nuestros deseos inciertos, cuando esperamos ganar la lotería o la esperanza de un mejor trabajo o de que las cosas saldrán bien. Ese tipo de esperanza no es válido porque no podemos estar seguros del resultado.

La esperanza Bíblica es firme y segura, basada en el juramento o promesa de Dios y arraigadas al carácter de Dios, el cual no puede mentir. Esta es la esperanza de Jesús, quien entró detrás del velo con valentía, acercándose al trono de gracia como precursor nuestro. Si creemos que Jesús hizo esto, entonces debemos tener confianza en que tenemos lo que Dios nos prometió. Tal vez no veamos todavía el cumplimiento de la profecía, como Abraham no la vio cuando se fue de Ur y de Harán; pero Abraham fue donde Dios lo llamó, confiando en que Dios lo guiaría a lo que Dios le prometió. Él tenía esperanza Bíblica, confiando en Dios, el cual no puede mentir.

Así son los cristianos maduros. Viven como Abraham. Tienen una confianza inquebrantable en que Dios no miente y en que somos lo que Él dice que somos, tenemos lo que Él dice que tenemos y en que podemos hacer lo que Él dice que podemos hacer.

¿Quién Es Melquisedec?

En Hebreos 5 aprendimos que Jesús fue "designado por Dios como sumo sacerdote según el orden de Melquisedec." ¿Qué es el orden de Melquisedec y quién es Melquisedec? Esta semana responderemos a esas preguntas.

PRIMER DÍA

Dedica este día a observar Hebreos 7, marcando las palabras de tu separador. Asegúrate de marcar cada referencia a *Melquisedec*, además de la frase *según el orden de Melquisedec*.

Marca también *pacto*. Esta palabra clave aparece con frecuencia en los siguientes capítulos de Hebreos. Es uno de los conceptos claves de la Biblia, por lo que te haría bien marcar *pacto* en cada libro de la Biblia.

SEGUNDO DÍA

Ahora haz una lista de lo que aprendes de tus marcas. Presta mucha atención a Melquisedec.

TERCER DÍA

Hoy vamos a empezar con un poco de trasfondo histórico de Melquisedec. Veremos referencias cruzadas para entender mejor. Lee Génesis 14 (si tienes tiempo lee también Génesis 13) y haz una lista de todo lo que aprendes acerca de Melquisedec. ¿Notaste cómo Hebreos 7:2,5-6 nos ayuda a entender quién dio el diezmo a quién?

CUARTO DÍA

En la quinta semana hiciste un cuadro con tres columnas: una para el sacerdocio Aarónico o Levítico, uno para Melquisedec y uno para Jesús, nuestro sacerdote. Hoy agrega a ese cuadro todo lo que aprendiste en el capítulo 7 acerca de estos tres sacerdocios. Como estarás recopilando listas anteriores en un solo cuadro, los puedes poner lado a lado para compararlos.

QUINTO DÍA

Ahora, ¿quién fue hecho como quién? ¿Fue Jesús hecho como Melquisedec o fue Melquisedec hecho como Jesús? Lee cuidadosamente Hebreos 7:3 antes de contestar.

¿Qué características del sacerdocio de Melquisedec coinciden con el sacerdocio de Jesús? ¿Qué significa ser un sacerdote según el orden de Melquisedec?

¿Cuáles son las diferencias entre el sacerdocio de Aarón y el de Melquisedec?

SEXTO DÍA

Lee Hebreos 7:19-28 otra vez. ¿Notaste la palabra *mejor*? La marcaste por primera vez en Hebreos 1 y la volviste a ver en Hebreos 6. Aparecerá también en algunos de los capítulos que vienen. Hasta ahora en Hebreos, ¿qué cosas son mejores que otras?

¿Cómo se compara la discusión de esperanza en Hebreos 7 con la de Hebreos 6? ¿Esta información es nueva o es el refuerzo de enseñanzas anteriores?

Hebreos 7:23-28 contiene varias indicaciones clave de tiempo que deberías marcar. ¿Qué aprendes al marcar en estos versículos las frases de tiempo? No te olvides observar la frase *una vez para siempre*[6] en el versículo 27. Presta atención cuando se repita esta frase en el libro de Hebreos. Aparece en un marcado contraste con la palabra *diariamente*[7] en este capítulo.

¿Por qué es la frase *una vez para siempre* tan importante al contrastar los sacerdocios de Jesús y de Aarón?

Finalmente, anota el tema de Hebreos 7 en el PANORAMA GENERAL DE HEBREOS.

SÉPTIMO DÍA

Guarda en tú corazón: Hebreos 7:22
Lee y discute: Hebreos 7

Preguntas para la Discusión o Estudio Individual

ༀ Discute lo que aprendes de Melquisedec.

ༀ Compara los sacerdocios de Melquisedec y de Jesús.

ༀ Busca el contraste entre el sacerdocio de Jesús y Aarón.

ༀ ¿Cuáles son las cosas que se describen como mejores que otras y por qué?

ༀ ¿Qué importancia tiene para ti que el sacerdocio de Jesús sea permanente?

ༀ ¿Cuál es la importancia de "una vez para siempre"?

Pensamiento para la semana

El nombre Melquisedec viene de dos palabras Hebreas: *melek* (rey) y *zadek* (justo). Así que su nombre significa "rey de justicia". El fue el rey de Salem que significa "paz". Esto tal vez sea una referencia a Jerusalén, que también es conocida como Jebús donde los jebuseos vivieron.

Isaías profetizó la venida del Príncipe de Paz o sea Jesús de Nazaret. A Melquisedec se lo describe como que no tiene ni madre ni padre, ni genealogía; muchos comentaristas concluyeron que Melquisedec es una *teofanía* o una manifestación física de Dios. Algunos piensan que Melquisedec es una *Cristofanía* o manifestación física del Hijo de Dios antes de Su encarnación.

Pero nosotros sabemos por Hebreos 7:3 que Melquisedec fue hecho *como* el Hijo de Dios. La característica importante en la discusión es que el conserva su sacerdocio para siempre. Así que, cuando Dios designa a Jesús para ser sacerdote para siempre, de acuerdo al orden de Melquisedec, todo lo que el texto está diciendo es que ambos tienen un sacerdocio perpetuo. Esto hace contraste con el sacerdocio de Aarón, el cual solo dura hasta la muerte del hombre. Este es uno de los puntos más importantes en la superioridad del sacerdocio de Jesús sobre el sacerdocio Aarónico o Levítico.

Cuando nos dejamos llevar por la noción de una teofanía o Cristofanía, nos perdemos el punto del autor. En su lugar, tratamos de establecer un punto que es irrelevante al propósito del autor. Sin embargo, los comentaristas y maestros a menudo presentan esta idea con tanta convicción como si fuera cierta. En realidad Melquisedec es hecho *como* Jesús, por lo tanto no puede *ser* Jesús apareciendo en el tiempo de Abraham. De todas maneras, todo lo que necesitamos saber es que la persona menor le da los diezmos a la persona mayor y que el sacerdocio eterno de Jesús es mejor que el temporal de Aarón y sus descendientes.

El concepto clave que no queremos perdernos es este: Jesús tiene un sacerdocio eterno. No se trata de Melquisedec; se trata de Jesús y Su sacerdocio, el cual es mejor que el de Aarón. Una de las ideas más importantes en Hebreos que debes recordar es que Jesús es *mejor*. Él es mejor que los ángeles y mejor que Moisés. Su descanso es mejor que el de Moisés y Josué. Él ofrece una mejor esperanza y Él se ha convertido en la garantía de un mejor pacto.

De hecho, como Jesús es mejor que muchas cosas de muchas maneras, podemos decir con seguridad que Él también es mejor que Melquisedec. Uno de los puntos principales del libro de Hebreos es que Jesús es mejor que cada una de las cosas a las que los judíos se aferran o que consideran superior a todo lo demás en el mundo. Jesús es el cumplimiento de todo lo que ofrecía el Antiguo Testamento. Pablo lo dijo muy bien en su carta a la iglesia de Colosas:

> Por tanto, que nadie se constituya en juez de ustedes (nadie los juzgue) con respecto a

> comida o bebida o en cuanto a día de fiesta
> o luna nueva o día de reposo, cosas que sólo
> son sombra de lo que ha de venir , pero
> el cuerpo pertenece a Cristo (Colosenses
> 2:16-17).

Nuestro sumo sacerdote no hace sacrificios diarios por el pecado como lo hacían los sacerdotes descendientes de Aarón. Él hizo un sacrificio por el pecado: Él mismo, de una vez por todas. Esa es la verdad que debemos conservar de este capítulo.

Jesús es mejor.

UN NUEVO PACTO

Los pactos están entre los temas más importantes de la Biblia. Estudiar los pactos te ayudará a enlazar la Biblia como nunca antes lo habías hecho. De hecho, *Testamento* es simplemente otra palabra para *pacto* y nuestra Biblia contiene ambos el Antiguo y el Nuevo Testamento o Pactos. Entonces, ¿Qué es el Antiguo Testamento y qué es el Nuevo Testamento? Lo veremos esta semana.

PRIMER DÍA

Lee Hebreos 8 marcando palabras y frases clave de tu separador. Mientras marcas *pacto* en este capítulo, tendrás que distinguir entre dos pactos. Puedes marcar la palabra de la misma manera, pero entonces agrega un 1 o un 2 sobre la marca, para saber a qué pacto se refiere. Trabaja con cuidado porque ésta es la idea clave en éste y los dos capítulos siguientes.

67

SEGUNDO DÍA

Ahora, como lo hemos venido haciendo, haz listas de lo que aprendes de las palabras que acabas de marcar. Agrega a tus listas la información sobre los sacerdocios. Te convendría hacer las listas de los dos pactos paralelamente a las otras, como lo hemos hecho antes, cuando anotábamos comparaciones y contrastes.

TERCER DÍA

Hebreos 8:8-12 cita Jeremías 31:31-34. Así que veamos Jeremías 31:31-34 y marquemos ese texto. Después ve a Ezequiel 36:24-28. Las palabras *Nuevo Pacto* no aparecen en Ezequiel, pero el texto se refiere a lo mismo. Haz una lista de lo que aprendes acerca del Nuevo Pacto en ambos libros: Jeremías y Ezequiel.

CUARTO Y QUINTO DÍA

Cuando leemos Jeremías y Ezequiel, vemos que el Nuevo Pacto aparenta ser para los judíos, la nación de Israel. Hebreos es escrito a los judíos que han creído en Jesús y han entrado en el Nuevo Pacto. Pero si no soy judío, ¿cómo se aplica el Nuevo Pacto a mi vida?

Para contestar esta pregunta veamos algunos de los pasajes del Antiguo Testamento.

Lucas 22:1-20

Hechos 11:1-18

Hechos 13:44-48

Hechos 28:23-28

Romanos 1:16

Romanos 11:7-13

1 Corintios 11:23-26

Efesios 2:13-22

Efesios 3:4-6

¿Eres parte del Nuevo Pacto?

SEXTO DÍA

En Éxodo 19-24 encontrarás un relato de cuando Israel recibió el Antiguo Pacto, La Ley. Hoy lee estos capítulos pero no marques, solo lee para entender mejor o para refrescar tu memoria.

Muy bien, ¡es todo por hoy! No te olvides de anotar el tema de Hebreos 8 en el PANORAMA GENERAL DE HEBREOS.

SÉPTIMO DÍA

Guarda en tu corazón: Hebreos 8:6
Lee y discute: Hebreos 8

Preguntas para la Discusión o Estudio Individual

✤ Discute sobre el Antiguo Pacto o La Ley

- ¿Cómo llegó y a quién?

- ¿Quién está incluido?

- ¿Cuáles son los elementos de este pacto?

  ⚜ Discute acerca del Nuevo Pacto de gracia

- ¿A quién fue prometido?

- ¿A quién abarca, por qué y cómo?

- ¿Quién está incluido ahora?

- ¿Cuáles son los elementos de este pacto?

  ⚜ ¿Cómo se relacionan los dos pactos?

PENSAMIENTO PARA LA SEMANA

Cuando Pablo escribió una carta a la iglesia en la región de Galacia, la cual se encontraba en el país moderno de Turquía, él les escribió de la relación entre el Antiguo y el Nuevo Pacto. Muchos enseñaban que para ser un buen cristiano primero tenías que ser judío, así que tenías que observar la Ley. A estos maestros se les llamaba judaizantes, ellos querían que los cristianos se convirtieran en judíos y que siguieran la Ley judía. Enseñaban que ambos Pactos estaban vigentes para los cristianos. Todavía hoy hay quienes enseñan eso, que si quieres ser mejor cristiano, deberías observar las fiestas judías, observar el día de reposo, abstenerte de ciertas comidas, etc. ¿Cuál es la verdad?

Pablo catalogó esta enseñanza como un evangelio diferente, un evangelio contrario a lo que él predicó. Enfatizando que él era apóstol de los gentiles, les mostró que el evangelio que él declaró no estaba basado en observar la Ley. Pablo confrontó a aquellos que creyeron en esa mentira. Los llamó tontos y les preguntó si alguien los había embrujado. Estaba sorprendido de que ellos tan pronto hubieran abandonado a Aquel que los llamó por la gracia de Cristo, para seguir un evangelio diferente (Gálatas 1:6). Pablo les preguntó directamente: ¿Recibieron el Espíritu por las obras de la ley o por oír con fe? (Gálatas 3:2).

¿Cómo fue justificado Abraham? Dios le dio a Abraham una promesa, Abraham le creyó a Dios y Dios se lo reconoció por justicia (Génesis 15:6, Gálatas 3:6). En otras palabras, justificación por fe vino antes que la Ley. Dios predicó el evangelio a Abraham al declarar que tendría una *semilla*. Dios no dijo el plural *semillas*, solo una semilla y la semilla de la que estaba hablando, la semilla en la cual Abrajam creyó fue Cristo (Gálatas 3:16). Esto fue hecho "a fin de que en Cristo Jesús la bendición de Abraham viniera a los gentiles, para que recibiéramos la promesa del Espíritu mediante la fe" (Gálatas 3:14).

La Ley, la cual vino cientos de años después de esta primera promesa a Abraham, no invalidó el pacto previamente ratificado por Dios. No anuló la promesa (Gálatas 3:17). La ley fue *agregada*. Su propósito fue definir el pecado hasta que Jesús viniera. No impartió justicia, porque nadie podía guardar toda la Ley. Simplemente declaró la pecaminosidad del hombre. La ley actuó como un guía o maestro para enseñarnos acerca del pecado y guiarnos a Cristo (Gálatas 3:24-25). El objetivo siempre fue que pudiéramos experimentar lo que Abraham experimentó: justificación por fe.

La justificación siempre ha sido por fe, como Dios lo demostró cuando Él declaró a Abraham justo por creer en la promesa de Dios. De hecho la primera promesa de la semilla fue dada aun antes del tiempo de Abraham. Justo después de la caída, Dios prometió una semilla que heriría la cabeza de Satanás (Génesis 3:15). Eso es lo que hizo Jesús. Él derrotó a Satanás, el que tenía el poder sobre la muerte y que mantuvo al hombre esclavo del pecado. Jesús nos libró del poder de Satanás y del reino de las tinieblas, liberándonos de su dominio y transfiriéndonos a Su reino de luz.

La ley fue simplemente una adición o interludio entre el Antiguo Pacto con Abraham y el Nuevo Pacto. El Antiguo Pacto fue cumplido en Cristo y en el Nuevo Pacto. Jesús dijo en el sermón del monte, "No piensen que he venido para poner fin a la Ley o a los Profetas; no he venido para poner fin, sino para cumplir" (Mateo 5:17).

El Tabernáculo

Cuando los Israelitas entraron en el Antiguo Pacto con Dios en el monte de Sinaí, recibieron instrucciones para construir el tabernáculo, una morada donde Dios se reuniría con ellos. El tabernáculo era una copia del verdadero tabernáculo en los cielos, donde Dios mora y apuntó al camino de hermandad con Dios, ahora y a través de la eternidad.

PRIMER DÍA

Hoy lee Hebreos 9 marcando las palabras claves de tu separador. Marca *sangre* y agrégala a tu separador. Marca también las referencias a *tabernáculo* y el *lugar santo* en el tabernáculo, pero no lo agregues a tu separador.

SEGUNDO DÍA

Como siempre, haz listas de lo que aprendiste de tus palabras marcadas. Este capítulo será más fácil de entender si ves el tabernáculo en un gráfico. Por eso lo hemos incluido de la página 1868 de la *Nueva Biblia de Estudio Inductivo*. Te será de gran ayuda si colocas números en las partes del tabernáculo sobre el dibujo y colocas esos números sobre el texto en tu Biblia.

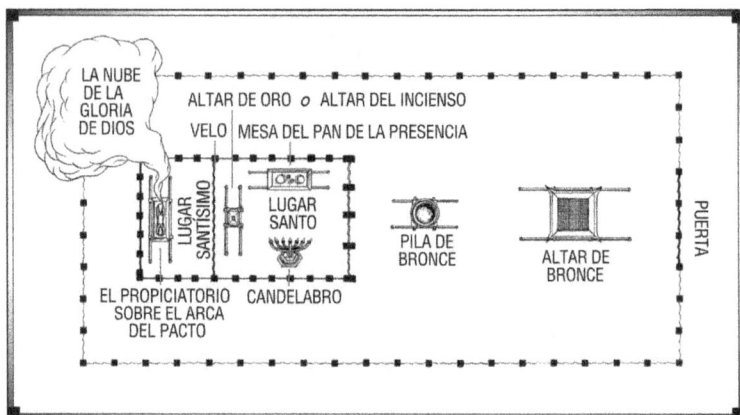

TERCER DÍA

Cuanto más lees Hebreos, más permaneces en su mensaje y meditas en sus preceptos, más entenderás a tú Dios y Su propósito al tenerte estudiando este libro en esta etapa de tu vida.

Leamos hoy la descripción del tabernáculo en el Antiguo Testamento en Éxodo 25-27. Esto te ayudará a entender mejor Hebreos 9.

CUARTO DÍA

La limpieza era una función importante en el sistema de alabanza. Cuando el tabernáculo fue construido, fue consagrado junto con todos los sacerdotes. Lee las descripciones en Éxodo 40 y Levítico 8.

QUINTO Y SEXTO DÍA

En el dibujo que te hemos dado, verás que el patio exterior tenía una entrada que siempre miraba al este. Dentro de esa entrada estaba el altar del sacrificio en el que las ofrendas eran quemadas. Después había un lavatorio lleno de agua para el lavado o limpieza. Entonces, había una tienda dividida en dos habitaciones por un velo. La primera habitación se llamó el Lugar Santo y la segunda el Lugar Santísimo. Había tres objetos en el Lugar Santo: el candelabro de oro, el cual tenía siete lámparas de aceite; la mesa que tenia 12 tortas de pan (una para cada tribu) y el altar de incienso o el altar de oro, sobre el cual se quemaba incienso con el fuego del altar de sacrificios.

Detrás del velo, en el lugar Santísimo, descansaba el Arca del Pacto, el cual guardaba los diez mandamientos escritos en tablas de piedra. En esta caja o delante de ella se encontraba la vara de Aarón que retoñó y la urna de oro que contenía el maná. Lee Números 17:10 y Éxodo 16:31 para aprender acerca de la vara de Aarón y el maná.

El arca del pacto estaba cubierto por el propiciatorio de oro puro y los dos querubines cuyas alas apuntaban la una hacia la otra. (La palabra querubín utiliza el plural hebreo -in). Esta era una caja portátil con aros para sostener las varas que descansaban sobre los hombros de los levitas, los cuales eran los encargados de cargarla. A pesar de que ya has leído estos detalles en Éxodo, el repasarlos será beneficioso.

Por encima del propiciatorio descansaba la nube de la gloria de Dios, el shekiná (en Hebreo moderno se pronuncia shekináh). Una vez al año, en el Día de Expiación, el sumo sacerdote tomaba el incienso en el altar de oro y entraba en el Lugar Santísimo para rociar la sangre del sacrificio sobre el propiciatorio para propiciar (calmar) a Dios.

Estas cosas eran representación de la verdadera morada de Dios en el cielo y Jesús señaló en dirección de estas cosas durante su ministerio en la tierra. Lee los siguientes versículos e identifica qué parte del tabernáculo es representado:

Salmo 141:2

Mateo 27:51

Juan 6:33-51

Juan 8:12

Juan 10:9

1 Corintios 5:7

Efesios 5:26

Hebreos 4:16

Hebreos 7:27

Hebreos 10:20

Apocalipsis 8:3-4

Estas verdades son tan poderosas que deberías memorizar el plano del tabernáculo y lo que cada mueble representa. Trata de dibujarlo de memoria hasta que lo aprendas y mientras lo haces, di lo que el significado de cada mueble te enseña de Jesús o Dios.

Recuerda que el tabernáculo fue diseñado como un instrumento por el cual Israel adoraba a Dios. Tu alabanza a Dios depende de Jesús, que es la realidad de lo que estas cosas representan: la puerta, el sacrificio, el agua que purifica, la luz, el pan, el incienso, el velo y el Arca con el propiciatorio y la gloria Shekinah.

Reflexiona sobre lo que has aprendido acerca de Jesús como nuestro sumo sacerdote y nuestro sacrificio.

Anota el tema de Hebreos 9 en el PANORAMA GENERAL DE HEBREOS.

SÉPTIMO DÍA

Guarda en tu corazón: Hebreos 9:22
Lee y discute: Hebreos 9

PREGUNTAS PARA LA DISCUSIÓN O ESTUDIO INDIVIDUAL

- Si puedes, prepara una pizarra o algo donde dibujar que sea lo suficiente grande para que el grupo lo vea y juntos dibujen el tabernáculo con sus muebles.

- Discute la purificación (por agua y sangre) y qué relación tiene, no solo con los muebles del tabernáculo y los sacerdotes, sino también con nosotros.

- Discutan acerca de lo que aprenden de cada parte del tabernáculo y su relación con Jesús.

- Compartan sus puntos de vista acerca de lo que han estudiado hasta ahora del libro de Hebreos sobre Jesús como nuestro sumo sacerdote y su papel en el verdadero tabernáculo.

PENSAMIENTO PARA LA SEMANA

El tabernáculo terrenal fue diseñado para guiar a Israel a adorar a Dios. El modelo fue basado en el tabernáculo celestial, donde Dios recibe nuestra alabanza. Entonces, ¿qué dice de nuestra alabanza a Dios? Ya no tenemos un tabernáculo terrenal, tenemos uno celestial. Está representado en el terrenal y puesto a nuestra disposición por Jesucristo.

Nosotros tendemos a pensar que la adoración es un servicio al que asistimos en un lugar y a una hora determinada y en ese servicio mucha gente compara la adoración con el canto. Pero la adoración verdadera es un estilo de vida. Es la vida que vives de acuerdo a la Palabra de Dios. Eso es alabar a Dios en espíritu y verdad (Juan 4:23-24).

Entonces, ¿cómo se vive una vida de adoración? El modelo está en el tabernáculo. En primer lugar debes entender que no puedes acercarte a Dios a menos que lo hagas a través de Jesús, ya que Él es la puerta. Cualquiera que diga que hay otro camino para llegar a Dios no alaba a Dios.

Una vez que reconoces que Jesús es el único camino a Dios, debes entender que solo su sacrificio expiatorio, su sangre derramada, propicia a Dios. Sin el derramamiento de sangre no hay perdón de pecado. Dios estableció este patrón en el jardín del Edén cuando cubrió a Adán y Eva con la piel de animales. La sangre fue vertida para cubrir su pecado. Cristo, nuestro Cordero de Pascua fue sacrificado para que la pena de muerte nos pase por alto. Debemos vivir nuestras vidas en la realidad de la muerte de Jesús en la cruz para el perdón de nuestros pecados.

También debemos saber que es la purificación del agua de la Palabra de Dios la que nos limpia. No podemos acercarnos a Dios sin manos limpias y un corazón puro y esto es algo que no podemos hacer nosotros mismos. Necesitamos la purificación de Cristo para ser puros. Primera de Juan 1:9 nos dice que si confesamos nuestros pecados, Dios nos perdonará y purificará de toda injusticia. Así que para alabar a Dios, necesitamos confesar continuamente nuestros pecados, en lugar de negarlos.

El mundo de Satanás es oscuro, Jesús, la luz del mundo, disipa la oscuridad y expone las obras del maligno. Vivir en la luz de Jesús significa que no podemos participar en

los asuntos de las tinieblas. Como el salmista escribió, la
Palabra de Dios es una lámpara para nuestros pies y luz
para nuestro camino (Salmo 119:105).

La mesa que tenía el pan de la Presencia recordó a Israel
de la provisión de Dios. Jesús mismo es el pan de vida. Así
que para nosotros poder alabar a Dios, necesitamos comer
de ese pan de vida. Jesús mismo enseñó que "no solo de
pan vive el hombre, sino de toda palabra que sale de la
boca de Dios" (Mateo 4:4). La Palabra de Dios nos muestra
cómo vivir y es nuestro sustento, así que para alabar a Dios
debemos estar diariamente en la Palabra de Dios.

La ubicación del altar de incienso antes del velo es
un recordatorio de que nuestras oraciones suben a Dios
antes de que entremos en Su presencia. Sabemos que todo
lo que pedimos al Padre en el nombre de Jesús, tenemos.
Nuestras oraciones se elevan hacia el Padre como una dulce
fragancia y Jesús es nuestro mediador.

El camino del sumo sacerdote terrenal para llegar
a Dios estaba bloqueado por el velo; pero el velo real, la
carne de Jesús fue rasgado en su crucifixión. El camino
al Padre es a través de la carne rasgada de Jesús y ya ese
camino no está bloqueado. Jesús mismo es nuestro sumo
sacerdote, el cual entra en la presencia de Dios y rocía la
sangre de un sacrificio sin mancha, Su propia sangre, sobre
el propiciatorio.

Allí en el trono de gracia recibimos misericordia de
Dios porque nuestro intercesor, Jesús, nos ha precedido.
Nuestra adoración depende de vivir estas realidades. Jesús
es nuestro camino al Padre debido a Su sacrificio. Su Palabra
nos limpia, nos da luz para poder caminar y nos da vida.
Ofrecemos nuestras oraciones en Su nombre. Su sacrificio
expiatorio rasgó el velo y proveyó la sangre necesaria para
rociar en el propiciatorio, para que podamos acercarnos a
Dios. Una vida que no vive de acuerdo con estas verdades
es una vida que no alaba a Dios. El asistir al servicio puede

ser simplemente externo y en realidad puede ser una burla de la verdadera adoración.

Comprométete a vivir una vida de verdadera adoración. Recuerda el tabernáculo y todo lo que representa para la adoración verdadera en Jesús. Adora a Dios en espíritu y verdad.

LA SANGRE DEL PACTO

¿Cuál es la importancia de la sangre del pacto? El autor de Hebreos nos ha dicho que "casi todo ha de ser purificado con sangre y sin derramamiento de sangre no hay perdón" (Hebreos 9:22); pero también aprendemos que la sangre correcta es importante, porque también dice "es imposible que la sangre de toros y de machos cabríos quite los pecados" (10:4). Fue la sangre de Cristo que nos purificaría, así que Cristo se ofreció una vez para siempre (10:10) y basándonos en eso "tenemos confianza para entrar al Lugar Santísimo" (10:19). La sangre del pacto es la sangre de Jesús.

PRIMER DÍA

Lee Hebreos 10 y marca las palabras claves de tu separador. También marca *santificado*[6]. Recuerda hacer las seis preguntas básicas. Marca también *sacrificios* y *ofrendas*, pero márcalas de la misma manera. (En algunas traducciones puede que encuentres *creer* en lugar de *fe*. Márcala de la misma manera que *fe*).

81

SEGUNDO DÍA

Ahora haz listas de lo que aprendiste al marcar cada palabra clave. Otra vez haz las preguntas básicas mientras lees. Tus listas contienen las respuestas a esas preguntas.

TERCER DÍA

En Hebreos 10:5-9 el autor cita varios pasajes del Antiguo Testamento para establecer que las ofrendas del Antiguo Testamento no eran los que Dios realmente deseaba. Ellas señalaban al único sacrificio que puede quitar el pecado, la ofrenda que Jesús dio.

Lee el Salmo 40:6-8 y 1 Samuel 15:22 (tal vez necesitas leer todo el capítulo para entender el contexto) y reflexiona sobre lo que Dios más valora.

En Hebreos 10:9, ¿qué quiere decir el autor cuando dice "Él quita lo primero para establecer lo segundo"? ¿Primero y segundo qué? ¿Cómo se relaciona con el capítulo 9?

Compara lo que aprendiste de la sangre en este capítulo con lo que aprendiste en Hebreos 9. ¿Reafirma el capítulo 10 información vieja o añade nueva información? ¿Por qué piensas que el autor pasa tanto tiempo refiriéndose a los sacrificios de sangre?

¿Qué nos santifica? ¿Cómo somos hechos santos? En el versículo 10 la palabra griega traducida "habiendo sido santificado" está en pretérito perfecto, lo cual implica una acción completada en el pasado que sigue teniendo resultados en el presente. ¿Por la voluntad de quién hemos sido santificados?

En el versículo 14 "ha perfeccionado también está en pretérito perfecto, pero "son santificados" está en presente participio. Esto implica que aquellos que están siendo santificados fueron perfeccionados en el pasado. ¿Qué te dice esto con respecto al sacrificio de Cristo hace más de 2.000 años y acerca de nuestra santificación ahora?

¿Cómo encaja en "para siempre"?

CUARTO DÍA

Hebreos 10:16-17 cita Jeremías 31:33-34. Ya hemos visto estos versículos citados en Jeremías. ¿Qué está tratando de hacer aquí el autor de Hebreos? ¿Ya no dio su punto en el capítulo 8? Lee Hebreos 10:18 antes de contestar.

Lee los versículos 19 y 20. ¿Cómo podemos tener la confianza de entrar al lugar santo? ¿Qué lugar santo? ¿Cuál es el nuevo camino? ¿Cómo es posible que sea un camino viviente?

Haz una lista de las exhortaciones (acerquémonos, mantengámonos, etc.) en los versículos 19-25. ¿Qué se nos insta que hagamos? ¿Cómo dependen los versículos 24-25 de 21-23? Compara Hebreos 10:24 con Hebreos 3:13. ¿Cuáles son algunas de las razones por las cuales tenemos que congregarnos? ¿Haces esto cuando te congregas?

QUINTO DÍA

Lee Hebreos 10:26-31 y Hebreos 2:1-4 otra vez. En cada caso ¿quién es juzgado?

Compara Hebreos 6:1-12 con Hebreos 10:32-39. ¿Qué ves?

Lee Números 15:22-31, que muestra la diferencia en el Antiguo Testamento entre el pecado no intencional y deliberado. La frase "continuamos pecando" en Hebreos 10:26 está en tiempo presente, lo cual implica una acción continua que dura. Lee 1 Juan 3:6. El tiempo del verbo griego para "pecados" indica "que continua pecando."

¿Cuáles son tus conclusiones?

SEXTO DÍA

Hebreos 10:35-39 apunta al futuro: Él que ha de venir vendrá y no tardará.

El libro de Hebreos fue escrito después de la muerte, sepultura, resurrección y ascenso al cielo de Jesús. Entonces ¿a qué apuntan estos versículos?

De lo que hemos visto hasta ahora, ¿qué implica el término "retrocede"?

¿Qué enseñan estos versículos acerca del juicio y la recompensa?

Mateo 6:1-6

Romanos 14:10-12

1 Corintios 3:12-15

1 Corintios 5:9-13

Colosenses 3:23-25

2 Juan 8

Apocalipsis 22:12

Finalmente, anota el tema de Hebreos 10 en el PANORAMA GENERAL DE HEBREOS.

SÉPTIMO DÍA

Guarda en tu corazón: Hebreos 10:10
Lee y discute: Hebreos 10

Preguntas para la Discusión o Estudio Individual

☙ Discute tus ideas acerca de las ofrendas y sacrificios en ambos el Antiguo y el Nuevo Pacto. ¿Cuál es la verdad eterna?

☙ ¿Cómo encaja Jesús en esta enseñanza de sacrificios y ofrendas?

☙ Dios desea obediencia y no simplemente el sacrificio. ¿Cómo afecta esto tu vida?

☙ ¿Qué exhortaciones incluye el autor en este capítulo? ¿Cómo puedes llevarlas a cabo? Asegúrate de que tu respuesta sea práctica y concreta.

☙ ¿Qué te enseña este capítulo acerca del juicio y la recompensa?

Pensamiento para la semana

La Biblia repetidamente se refiere al futuro juicio del malvado. Esto nos da un sentido de justicia cuando los malvados parecen salirse con la suya, mientras que los justos sufren por hacer lo correcto. Dio es el juez y la venganza es Suya, así que podemos dejarlo en las manos de Dios sabiendo que Él es justo.

La Biblia también habla del juicio de los justos. Los justificados no son condenados por sus pecados, ya que sabemos que nuestros pecados son perdonados y se nos ha dado vida eterna por nuestra fe en Jesucristo. La Biblia es muy clara que el justo vivirá por fe, entonces ¿en qué sentido son los justos juzgados?

Has estudiado versículos referentes al tribunal de Cristo y el de Dios. Cuando el Nuevo Testamento se estaba escribiendo, cada ciudad romana tenía una plataforma elevada en el foro principal o espacio público. Estos espacios eran puntos de reunión para el comercio o el discurso político. La plataforma elevada se conocía como el tribunal. Era conveniente tener este tribunal en el borde del lugar público, así la gente podía reunirse y escuchar las proclamaciones de los gobernantes.

Pilatos se sentó en el tribunal para juzgar a Jesús. En Hechos 18, Pablo fue arrastrado ante el tribunal en Corinto para que Galión, el procónsul, pudiera escuchar las quejas que los judíos tenían contra él. Ambos relatos muestran que el tribunal estaba diseñado para que las autoridades juzgaran los asuntos que eran de su jurisdicción. Ellos no usaban este tribunal para asuntos religiosos.

Entonces ¿Cómo se aplica esto a nosotros? ¿Qué es el tribunal de Cristo o el de Dios?

La Biblia es bien clara. Este juicio determina las recompensas o la pérdida de ellas. No es un juicio de culpabilidad o inocencia. Todos somos definitivamente culpables de pecado, pero hemos sido declarados inocentes por nuestra fe en la obra expiatoria de Cristo en la cruz. Su sacrificio de sangre es la propiciación. Él pagó nuestra deuda y tomó nuestra sentencia de muerte.

Jesús volverá y Su recompensa estará con Él. Cuando venga, estaremos frente a Su tribunal y Él juzgará de acuerdo a nuestras obras, a cómo hayamos vivido por fe. Tal vez recibamos recompensas o tal vez las perdamos.

¿Qué son las recompensas? Los escritores del Nuevo Testamento describieron estas recompensas como coronas. En 2 Timoteo 4:8, Pablo escribe de una corona de justicia para él y para todos los que aman la venida de Cristo. Santiago 1:12 y Apocalipsis 2:10 mencionan la corona de vida para aquellos que perseveran ante las tribulaciones. Primera de Pedro 5:4 nos dice que los ancianos que gobiernan bien recibirán la corona de gloria, cuando el Jefe de los Pastores aparezca.

Estas coronas son por lo menos parte de las recompensas que pueden darse o perderse y ¿por qué deberíamos desear estas recompensas? Vemos la respuesta en Apocalipsis 4:10, donde los 24 ancianos se postran ante el trono de nuestro Creador y presentan sus coronas ante Su trono. Es un cuadro hermoso de total adoración. Vivimos nuestras vidas por fe, perseveramos y amamos la venida de nuestro Señor. Podemos dar a nuestro Señor las coronas que recibimos para demostrarle nuestra lealtad y sumisión. Reconocemos que todo lo que tenemos viene de Él y le pertenece, por lo tanto se lo devolvemos en alabanza.

¿No es una imagen preciosa de recordar? No perseveramos para obtenerlas; perseveramos para dárselas. Nuestra lealtad es un acto de alabanza y culmina en darle todo a Dios. Así debería ser nuestra vida, vivir adorando la Palabra viva.

El Salón de la Fe

El autor de Hebreos ha establecido la fundación teológica de la superioridad de Cristo y de la salvación por fe en el evangelio. Ahora en el capítulo 11, Él utiliza el testimonio de los santos a través de la Biblia, hombres y mujeres que han ejercitado la fe, como un ejemplo para exhortarnos a perseverar. ¿Cómo responderás a este reto?

PRIMER DÍA

Lee Hebreos 11 marcando las palabras y frases claves de tu separador.

SEGUNDO DÍA

Haz una lista de lo que has aprendido al marcar. Recuerda hacer las seis preguntas básicas; por ejemplo: ¿quiénes fueron las personas que tuvieron fe? ¿Cómo mostraron su fe?

⤜⤏⤙
TERCERO AL SEXTO DÍA

Escribe un resumen de lo que aprendiste acerca de la fe. Asegúrate de incluir la definición de fe y escribir acerca de la necesidad de la fe, su manifestación y los principios de fe que pueden ser aplicados a tu vida.

Anota el tema de Hebreos 11 en el PANORAMA GENERAL DE HEBREOS.

⤜⤏⤙
SÉPTIMO DÍA

Guarda en tu corazón: Hebreos 11:1
Lee y discute: Hebreos 11

Preguntas para la Discusión o Estudio Individual

∽ Discute tu opinión acerca de la fe basándote en tu resumen. Toma el tiempo necesario para discutir con profundidad. Da una ilustración de los principios que has extraído de los ejemplos de fe en este capítulo. Si quieres puedes fijarte en los principios que has aprendido de los 10 capítulos anteriores.

∽ ¿Cómo aplicarás estos principios en tu vida? Sé específico. Da tiempo para que todos puedan compartir por lo menos una aplicación práctica.

Pensamiento para la semana

Sin fe, es imposible agradar a Dios. Porque es necesario que el que se acerca a Dios crea que Él existe y que recompensa a los que Lo buscan (Hebreos 11:6).

¿Quieres complacer a Dios? Si es así, necesitas tener fe, pero ¿qué clase de fe? ¿Cuán fuerte? ¿Cómo es la fe que gana la aprobación de Dios?

Primero, Hebreos 1:1-2 nos dice que nuestra fe debe estar basada en la Palabra de Dios, lo ha dicho Dios. Dios nos habló a través de los profetas y el resto del Antiguo Testamento así como a través de Su Hijo, Jesús y el resto del Nuevo Testamento. Nuestra fe debe estar basada en toda la Biblia, no solo en nuestros pasajes preferidos.

Segundo, de acuerdo a Hebreos 11:6 nuestra fe debe estar asegurada en tres cosas: que lo que Dios ha dicho es verdad, que Dios es quien Él dice que es y que Dios recompensa. ¿Cómo puedes demostrar que crees que la Palabra de Dios es verdadera? Manteniéndote firme durante las tribulaciones que prueban tu fe. La fe que es real debe ser probada y demostrada, como vemos en 1 Pedro 1:6-7:

> En lo cual ustedes se regocijan grandemente, aunque ahora, por un poco de tiempo si es necesario, sean afligidos con diversas pruebas (tentaciones), para que la prueba de la fe de ustedes, más preciosa que el oro que perece, aunque probado por fuego, sea hallada que resulta en alabanza, gloria y honor en la revelación de Jesucristo.

Tercero, la fe que recibe la aprobación de Dios es una fe que lo busca a Él, no las recompensas o las bendiciones de la fe. La fe no nos da licencia para reclamarle a Dios o hacerle nuestro sirviente. La fe no gana cosas de Dios, pero se aferra a Dios afirmando, "cualquier cosa que pase, Tú eres suficiente."

Cuarto, la fe que escucha y obedece a Dios, recibe su aprobación. La fe y la obediencia son sinónimos. Esto lo hemos visto en Hebreos 11; y antes en Hebreos 3:12,18 y 4:1-2. Santiago lo enseña en el versículo 2:19 y Jesús en el Sermón del Monte en Mateo 7:20-21, 24-27.

Quinto, la fe que produce una vida de justicia gana la aprobación de Dios. La justicia es el fruto de la salvación. Hebreos 10:38; 11:4, 7 y 1 Juan 3:7, 10 testifican de esta verdad.

Finalmente, la aprobación de Dios se obtiene con una fe perseverante. En Hebreos 10:35-39 vemos que necesitamos perseverar para no volver a la destrucción. Tenemos que perseverar mucho, como vemos en Hebreos 11. No sufrimos las tribulaciones que estos héroes de la fe sufrieron, pero algunos santos de esta época han sido apresados, torturados y aun asesinados. Algunos han perdido todas sus pertenencias y fueron tratados muy mal. Algunos están mudándose constantemente para evitar la prisión y continuar dando el evangelio a los perdidos. Estos tendrán la aprobación de Dios a través de su fe. ¿Y tú?

Corriendo la Carrera
con Resistencia

Los testigos fieles de Hebreos 11 mantuvieron sus ojos en la promesa de la semilla a pesar de que no Lo vieron. Ahora nos toca a nosotros vivir con fe, correr la carrera que se nos ha dado, perseverar y mantener nuestros ojos en Jesús, siguiéndolo como ejemplo.

PRIMER DÍA

Lee todo el capítulo 12 de Hebreos para que tengas una idea de qué se trata. Después vuelve a leer y marca las palabras y frases claves de tu separador. Marca también *disciplina*, pero no lo agregues a tu separador. Este es el único capítulo de Hebreos que usa esa palabra. Recuerda leer con propósito.

SEGUNDO DÍA

Ahora como es común, haz listas asegurándote de hacer las seis preguntas básicas para poder descubrir por ti mismo las verdades poderosas de este capítulo.

93

TERCER DÍA

Lee estos versículos y compáralos con lo que Hebreos 12 enseña acerca de la disciplina:

Deuteronomio 8:1-5

Salmo 119:67,71

Proverbios 3:11-12

Hebreos 5:8

Santiago 1:2-4,12

1 Pedro 1:6-9

CUARTO DÍA

Lee Isaías 32:17. ¿Qué significa "fruto apacible de justicia" (Hebreos 12:11)?

En el contexto de Proverbios 4:20-27, ¿qué significa Hebreos 12:12-13?

Lee los siguientes versículos y anota lo que aprendes de la santificación:

Mateo 5:8

1 Corintios 6:9-11

Efesios 5:3-7

1 Tesalonisenses 4:1-8

1 Pedro 1:15-16

QUINTO Y SEXTO DÍA

Para averiguar lo que significa la "raíz de amargura", compara Hebreos 12:15-17 con Deuteronomio 29:1-21 y Hechos 8:18-24.

Ahora veamos a Esaú. Lee Génesis 25:19-23; 27:1-41. ¿Qué aprendes de la tristeza de Esaú? lee 2 Corintios 7:9-10. ¿Cuántas clases de tristeza hay y qué producen? Compara tus notas de Esaú con Hebreos 6:4-8. ¿Cuál es tu conclusión acerca de Esaú?

Finalmente anota el tema de Hebreos 12 en el PANORAMA GENERAL DE HEBREOS.

SÉPTIMO DÍA

Guarda en tu corazón: Hebreos 12:1-2

Lee y discute: Hebreos 12 (usa las referencias cruzadas que necesites)

PREGUNTAS PARA LA DISCUSIÓN O ESTUDIO INDIVIDUAL

∞ Discute lo que aprendiste acerca de la disciplina. Usa referencias cruzadas

∞ ¿Qué aprendiste de la santificación y el fruto de justicia?

∞ ¿Qué aprendiste acerca de la raíz de amargura?
¿Cómo te ayuda a entender este concepto el ejemplo de Esaú?

∞ ¿Qué aplicaciones para tu vida encuentras en estos tres temas importantes? Utiliza el tiempo necesario para discutir, ten compasión y apoya a cada persona que comparta.

∾ Discute cómo se pueden ayudar mutuamente.

∾ Termina orando por los problemas que cada persona haya compartido o por los aspectos de sus vidas que quieran cambiar

Pensamiento para la semana

Esaú es un personaje interesante. Siendo el mayor de dos hermanos mellizos, debía haber tenido su primogenitura. Aun hoy en las culturas del medio oriente, el primogénito tiene preferencia en la familia. Ser el mayor es un honor, pero con el honor viene la responsabilidad. Él lleva la responsabilidad de su madre y sus hermanos, aun después de casarse, pero también hereda las riquezas de la familia.

Si el hijo mayor es fiel y complace a su padre, también gana la bendición de su padre. La bendición es un reconocimiento público de aprobación donde se concede al hijo la autoridad del padre. Los hermanos entienden de esto que su hermano mayor tiene el poder de no solo recibir la primogenitura sino también el favor del padre.

¿Qué pasa entonces cuando la primogenitura es vendida al hermano menor? ¿Qué dice esto acerca de cómo el hijo mayor ve su posición privilegiada? ¿Se piensa que puede tener esa bendición sin la responsabilidad que conlleva la primogenitura? ¿Quiere las cosas buenas y no las malas?

Esta idea puede ser un reto para nosotros si la aplicamos al tema de la disciplina en nuestras vidas. ¿Queremos las bendiciones sin los sufrimientos, tribulaciones y disciplina? ¿Qué nos dice Dios en las Escrituras? La respuesta es sencilla: las cosas difíciles de la vida nos prepara, fortalece y edifica nuestro carácter para que podamos manejar las cosas buenas con fidelidad.

Vemos esta dinámica en los niños malcriados. Cuando se le da todo a los niños, las cosas pierden valor porque los niños creen que se las merecen y las dan por garantizadas. Cuando no obtienen lo que quieren, se sienten engañados y el resentimiento empieza a aumentar. Cuando no se salen con la suya, una raíz de amargura comienza a crecer.

Ese tipo de actitud no es de Dios. No representa a los hijos de Dios. Primero, Dios nos provee carácter para que podamos demostrar Su carácter ante otros. Así aprendemos a tener agradecimiento por lo que Él nos ha dado. Aprendemos a valorar Sus regalos. No damos las cosas por hechas o pensamos merecerlas, porque aprendemos a vivir sin ellas. Dependemos humildemente de Dios en lugar de arrogantemente hacerle demandas.

Pedro nos pregunta, "¿qué clase de personas no deben ser ustedes en santa conducta y en piedad, esperando y apresurando la venida del día de Dios? (2 Pedro 3:11-12). Jesús desea presentarnos, la iglesia, como una novia sin mancha que no se ha prostituido con el mundo. Él quiere que seamos hallados dignos de Su sacrificio, dignos de ser adoptados como hijos de Su Padre. Él quiere que hagamos buenas obras porque tenemos salvación, no porque estemos tratando de ganarnos la salvación o el favor de Dios y Él quiere que recibamos la recompensa completa.

La Escritura es clara en que debemos vivir en una forma que complazca al Padre. Nuestras vidas deben reflejar gratitud y no resentimiento. No debemos suponer con arrogancia que merecemos gracia y misericordia. Nuestra misión es llegar a ser en nuestro carácter más y más como Dios. No seremos la imagen misma de su naturaleza como lo es Jesús, pero como representantes de Dios, debemos ser como un mortal pueda llegar a ser mientras viva en el cuerpo humano.

El autor de Hebreos declara que Dios nos ha hablado a través de Su Hijo y debemos estar conscientes de que Él espera que nosotros le hablemos al mundo como cartas vivientes:

> Ustedes son nuestra carta, escrita en nuestros corazones, conocida y leída por todos los hombres, siendo manifiesto que son carta de Cristo redactada por nosotros, no escrita con tinta, sino con el Espíritu del Dios vivo; no en tablas de piedra, sino en tablas de corazones humanos.
> (2 Corintios 3:2-3).

Sigue adelante. Corre la carrera, dejando a un lado todo peso que te pueda a hacer tropezar. Mantén tus ojos en Jesús. Sigue Su ejemplo y aguanta la disciplina para que puedas crecer cada día más como Él.

JESUCRISTO ES EL MISMO AYER, HOY Y SIEMPRE

Ahora que llegamos al final de este curso, debemos recordar que a pesar de que la audiencia original era judía, las verdades de este libro aplican a un grupo más amplio. Los judíos no tienen tabernáculo, ni sacerdocio y no hacen sacrificios hoy en día, pero su entendimiento de Dios no ha cambiado. Ellos saben que Dios es el mismo ayer y hoy y Él será el mismo mañana. Así que nosotros también debemos entender la inmutabilidad de Dios y de Su Hijo, Jesús.

PRIMER DÍA

Lee Hebreos 13, marcando las palabras y frases claves de tu separador. Marca también cada orden o instrucción dada a los lectores.

SEGUNDO DÍA

Como siempre, haz listas de los que aprendes al marcar. Considera la relación entre las órdenes o instrucciones y lo que has marcado. Recuerda, las seis preguntas básicas te ayudarán a marcar, a hacer listas y a correlacionar lo que has observado, para poder entender mejor.

TERCER DÍA

Hebreos 13 comienza con una exhortación práctica de dejar que continúe el amor entre hermanos. Lee los siguientes versículos y nota lo que dicen acerca de amar al hermano. ¿Cómo demuestras tu amor? ¿Cuán importante es esto para ti?

Mateo 22:34-40

Lucas 10:25-27

Romanos 13:8-10

1 Corintios 13:4-8

1 Tesalonisenses 4:9-10

1 Juan 3:16-19

1 Juan 4:20–5:3

CUARTO DÍA

La hospitalidad, aun entre extraños es importante de acuerdo a Hebreos 13:2. Lee estos versos y nota como complementan a Hebreos 13:1-2.

Génesis 18:1–19:1

Romanos 12:9-13

1 Timoteo 3:1-2

Tito 1:5-9

1 Pedro 4:9

¿Cuán comprometido estás a la hospitalidad? ¿Necesitas cambiar algo en tu vida?

QUINTO DÍA

¿Por qué es tan importante el mandato de acordarse de los prisioneros y los maltratados? Lee los siguientes versículos:

1 Corintios 12:12-27

Efesios 5:29-30

Filipenses 2:1-11

Nuestra relación con el dinero también es importante. Lee las siguientes Escrituras para ver el panorama completo:

Mateo 6:19-34

Filipenses 4:11-19

Colosenses 3:5

1 Timoteo 6:6-11

1 Juan 2:15-17

¿Se ajusta tu vida a estas escrituras? ¿Cómo puedes aplicarlas a tu situación?

꧁꧂

SEXTO DÍA

Hemos llegado al final de nuestro estudio de Hebreos y en realidad podríamos haber abarcado mucho más. Este es un curso general, por lo tanto, no podemos estudiar cada tema con el detalle que nos gustaría. Pero, anímate con lo que has aprendido. Tal vez un día tengas el tiempo para estudiar con más profundidad este poderoso libro. Ministerios Precepto tiene un estudio más detallado de Hebreos en la serie Precepto Sobre Precepto, el cual puedes obtener en las oficinas de Ministerios Precepto en tu país.

¿El imitar la fe de otro es Bíblico? Lee estos versículos y nota lo que aprendes:

> 1 Corintios 4:14-17
>
> 1 Corintios 11:1
>
> Filipenses 3:17-19
>
> 1 Timoteo 4:12-16

¿Cuáles podrían ser las doctrinas diversas y extrañas mencionadas en Hebreos 13:9? Recuerda el contexto y lee los siguientes pasajes:

> Romanos 14:1-4, 6, 14-23
>
> Colosenses 2:16-23
>
> 1 Timoteo 4:1-6

¿Alguna vez has oído hablar de alguna doctrina diversa y extraña hoy en día? El contexto hace contraste con la gracia. ¿Cuán importante es la gracia, si es que quieres obedecer los mandamientos de Dios?

Finalmente anota el tema de Hebreos 13 en el PANORAMA GENERAL DE HEBREOS. Fíjate en tu cuadro y determina la mejor manera de expresar la idea central del libro completo de Hebreos. Anota el tema en el PANORAMA GENERAL DE HEBREOS.

SÉPTIMO DÍA

Guarda en tu corazón: Hebreos 13:8
Lee y discute Hebreos 13

Preguntas para la Discusión o Estudio Individual

∾ Discute todo lo que aprendiste de lo siguiente:

- Tu amor por el hermano

- Tu hospitalidad hacia los desconocidos

- Tu atención hacia los presos y aquellos que son maltratados

- Tu relación con el dinero

- Tu respuesta a las enseñanzas variadas y extrañas

∾ Repasa el cuadro del PANORAMA GENERAL DE HEBREOS y el tema del libro. Fíjate si puedes discutir sobre el pensamiento que se desarrolla en todo el libro: las cosas que son inferiores a Jesús y por qué Él es mejor que estas cosas.

∾ Deja tiempo para que los miembros de tu grupo puedan compartir cuál ha sido la verdad más significativa de este libro y qué les gustaría cambiar de sus vidas.

Pensamiento para la semana

La esencia de Hebreos está resumida en Hebreos 13. Jesús es el mismo ayer, hoy y siempre. El Jesús que conocemos hoy es el mismo Jesús que el autor de Hebreos conoció y el mismo Jesús que todos aquellos entre entonces y ahora conocieron y todos aquellos que siguen conocerán al mismo Jesús.

Esto quiere decir que Jesús ha sido siempre Dios. Dios nos ha hablado a través de Jesús y continuará haciéndolo. Jesús ha sido, es y siempre será mejor que los ángeles. Como sumo sacerdote, Él ha sido, es y siempre será mejor que cualquier sacerdote terrenal.

El pacto del que somos parte es mejor que cualquier cosa que existió antes porque es basado en un mediador mejor, en un mejor sacrificio y en mejores promesas. Esto siempre ha sido verdad y es verdad ahora también.

Nos cuesta trabajo imaginar cómo era la vida hace 100 años, hace 1.000 años y antes de eso. Solo sabemos cómo es la vida hoy y sabemos lo que Jesús es hoy y por el libro de Hebreos sabemos que el Jesús que los cristianos conocieron hace 100 o 1.000 años o más, es el mismo Jesús que nosotros conocemos. En otras palabras, las verdades de Hebreos han sostenido a los cristianos por 2.000 años.

Todos nosotros hemos conocido al mismo Jesús y todos hemos recibido el mismo reto: correr la carrera con resistencia, manteniendo nuestros ojos en Jesús, el mismo Jesús que nunca cambia. Todos nosotros durante 2.000 años hemos sido impulsados a amar al hermano. Todos tenemos la misma obligación de mostrar hospitalidad al desconocido. Lo único que ha cambiado es cómo se ve la hospitalidad en los hogares, ya que las casas, la comida etc. han cambiado a través de los años, así como varían hoy de un lugar o de una cultura a otra, pero los principios fundamentales nunca han cambiado.

Las condiciones en las prisiones han cambiado en estos 2.000 años, pero el preso no. Cómo debemos relacionarnos con ellos tampoco ha cambiado. Cómo debemos relacionarnos con los que son maltratados tampoco ha cambiado.

Tal vez tengamos mucho más dinero que la gente tenía hace 2.000 años, pero nuestra relación con el dinero no ha cambiado o por lo menos no debería. La Palabra de Dios no ha cambiado.

Las cosas que tal vez hayan cambiado en todos estos años son las doctrinas variadas y extrañas, pero aun ellas son similares en su núcleo. Ofrecen una falsa representación de Dios, de Jesús y de la salvación. Presentan otro evangelio, otro camino de justicia delante de Dios. Eso no ha cambiado. La simplicidad del evangelio parece ser trivial para la gente sofisticada. Es demasiado absurda para el sabio y demasiado libre para otros, se preguntan cómo pueden recibirla solo por fe. Para otros es muy costosa ya que no están dispuestos a obedecer a Dios.

Pero Hebreos 11 nos desafía con la fe de aquellos que estuvieron dispuestos a obedecer, incluyendo a Abraham, quien estuvo dispuesto a renunciar a su hijo prometido. Algunos se enfrentaron a batallas imposibles de ganar. Otros enfrentaron situaciones imposibles y crueles con gobiernos que persiguieron a los fieles. Ellos dieron sus vidas porque sabían que Dios prometió una semilla y la fe en esa semilla los llevó a la justicia y a la vida eterna.

Algunas personas hoy en día, que tienen un fuerte compromiso con la libertad individual y una fuerte ética de trabajo, piensan que tienen el derecho de creer lo que quieren. Nadie les dirá en qué creer, eso es seguro. Así que rechazan las doctrinas de Dios, haciéndose ellos mismos su propio dios. Otros están convencidos que el cielo es solo para aquellos que trabajan duro, hacen suficientes obras buenas y viven una vida que es lo suficientemente buena para complacer a Dios. Miran a todos los testigos en Hebreos 11 y malinterpretan la relación entre la fe y las obras. Creen que las obras traen justicia, no que la justificación por fe trae obras. Ambos grupos están equivocados y ambos no irán al cielo. Algunos tienen un sentido falso de que ellos están bien con Dios. Otros no tienen seguridad porque nunca sabrán si sus vidas son lo "suficientemente buenas."

Sin embargo otros, aquellos que han estudiado Hebreos, como tú, conocen a Jesús y conocen su destino a causa de quién es Dios, quién es Jesús y lo que Él ha hecho por nosotros. Vivimos por fe. Tenemos nuestros ojos fijos en Jesús, el autor y consumador de la fe y tenemos una lista de testigos de ayer y hoy impulsándonos a seguir. Corre amigo fiel, corre con resistencia.

Tema de Hebreos:

DIVISIÓN POR
SECCIONES

Autor:
  desconocido

Fecha:

Propósito:

Palabras Clave:

  Jesús (Hijo)

  Dios

  ángeles

  sacerdote
  (Sacerdotes,
  sacerdocio)

  por lo tanto

  fe (fiel)

  mejor (mejor que)

  exhortaciones

  pacto

  sangre

  esperanza

  promesa

		TEMA DE LOS CAPÍTULOS
		1
		2
		3
		4
		5
		6
		7
		8
		9
		10
		11
		12
		13

NOTAS

1. RV60 superior
   NVI superior

2. RV60 sujetaste
   NVI sometiste

3. NVI hombre, ser humano

4. RV60 expiación
   NVI expiar

5. NVI mantengamos

6. NVI una sola vez y para siempre

7. RV60 cada día
   NVI día tras día

NOTAS

ACERCA DE MINISTERIOS PRECEPTO INTERNACIONAL

Ministerios Precepto Internacional fue levantado por Dios con el solo propósito de establecer a las personas en la Palabra de Dios para producir reverencia a Él. Sirve como un brazo de la iglesia sin ser parte de una denominación. Dios ha permitido a Precepto alcanzar más allá de las líneas denominacionales sin comprometer las verdades de Su Palabra inerrante. Nosotros creemos que cada palabra de la Biblia fue inspirada y dada al hombre como todo lo que necesita para alcanzar la madurez y estar completamente equipado para toda buena obra de la vida. Este ministerio no busca imponer sus doctrinas en los demás, sino dirigir a las personas al Maestro mismo, Quien guía y lidera mediante Su Espíritu a la verdad a través de un estudio sistemático de Su Palabra. El ministerio produce una variedad de estudios bíblicos e imparte conferencias y Talleres Intensivos de entrenamiento diseñados para establecer a los asistentes en la Palabra a través del Estudio Bíblico Inductivo.

Jack Arthur y su esposa, Kay, fundaron Ministerios Precepto en 1970. Kay y el equipo de escritores del ministerio producen estudios **Precepto sobre Precepto,** Estudios **In & Out**, estudios de la **serie Señor**, estudios de la **Nueva serie de Estudio Inductivo**, estudios **40 Minutos** y **Estudio Inductivo de la Biblia Descubre por ti mismo para niños.** A partir de años de estudio diligente y experiencia enseñando, Kay y el equipo han desarrollado estos cursos inductivos únicos que son utilizados en cerca de 185 países en 70 idiomas.

www.ingramcontent.com/pod-product-compliance
Lightning Source LLC
Chambersburg PA
CBHW071613040426
42452CB00008B/1328